激励艺术

曾仕强 | 著

图书在版编目（CIP）数据

激励艺术 / 曾仕强著 . -- 北京：北京联合出版公司，2023.9

ISBN 978-7-5596-6997-1

Ⅰ.①激… Ⅱ.①曾… Ⅲ.①激励—通俗读物 Ⅳ.① C936-49

中国国家版本馆 CIP 数据核字（2023）第 111272 号

激励艺术

作　　者：曾仕强
出 品 人：赵红仕
选题策划：北京时代光华图书有限公司
责任编辑：夏应鹏
特约编辑：高志红
封面设计：新艺书文化

北京联合出版公司出版
（北京市西城区德外大街 83 号楼 9 层　　100088）
北京时代光华图书有限公司发行
文畅阁印刷有限公司印刷　　新华书店经销
字数 119 千字　　787 毫米 ×1092 毫米　　1/16　　14.25 印张
2023 年 9 月第 1 版　　2023 年 9 月第 1 次印刷
ISBN 978-7-5596-6997-1
定价：68.00 元

版权所有，侵权必究

未经书面许可，不得以任何方式转载、复制、翻印本书部分或全部内容。
本书若有质量问题，请与本社图书销售中心联系调换。电话：010-82894445

序 / V
前 言 / IX

第一章 激励的两难 / 001

到底是激励还是不激励 / 003
激励并非易事 / 008
站在不激励的立场来激励 / 012

第二章 中国人的激励特性 / 017

有本事就来拿 / 019
拿不到怪自己 / 023
合理的不公平 / 027

第三章　中美日的激励文化 / 033

美国人激励个人 / 035

日本人激励团体 / 040

中国人合起来想 / 044

第四章　本事是激励的基础 / 051

本事×激励=良好绩效 / 053

有本事未激励不能人尽其才 / 057

反求诸己就是使自己有本事 / 061

第五章　本事的内涵 / 067

合理的态度与自主的觉醒 / 069

人际的技巧与专业的技能 / 074

自我的定位与合作的心理 / 079

第六章　激励的两大因素 / 085

认清激励的两大因素 / 087

外在的维持因素主要在保健 / 092

维持因素与内在的激励因素要互补 / 097

| 目 录 |

第七章　激励的维持因素 / 103

安人是激励的维持因素 / 105
四种常见的员工形态 / 109
适当调派工作或劝导另谋高就 / 114

第八章　激励的激励因素 / 121

安人之外需要增强物 / 123
合理有利的人事政策 / 128
事前事后圆满的沟通 / 133

第九章　激励的经 / 139

不任意开例，不造成运动 / 141
不大张旗鼓，不偷偷摸摸 / 146
不偏离目标，不忽略沟通 / 151

第十章　激励的权 / 157

依需要和层级而变 / 159
顺时间因场合而变 / 163
看反应视情势而变 / 167

第十一章　激励的艺术 / 173

　　明暗公私要分开 / 175
　　顺逆刚柔要合适 / 180
　　动静大小要并用 / 185

第十二章　被激励者的修养 / 191

　　明白自作自受的道理 / 193
　　做到合理不公平就好 / 198
　　最好存有感谢的心情 / 203

结束语 / 209

| 序 |

人，最要紧的是自我激励。因为求人不如求己，自己激励自己，不但最方便，而且最为有效。

给自己一些掌声，不受时空的限制，不受任何人的约束，也不致引起其他人的眼红或不悦，岂非方便？

自己激励自己，不会产生不公平的愤怒，不必苦苦期待而导致失望。自己觉得满意就好，不满意时还可以随时增强激励，当然有效。

但是，人是群居的动物，必须和他人互动，才能获得满足。我们对他人的反应往往十分重视，因此对他人的激励也很在意。

没有激励，期待激励；有了激励，引发不平。

对自己来说，为什么给得这么少？同样的贡献，似乎别人获得的激励比较多。就算按照规定，也觉得这么多年没有

激励艺术

调整激励水平，很不公平。如果隔年就调整，更令人产生强烈的不平之鸣，怀疑是不是因人设事，图利特定的人士。即使当时很高兴，不久也会变质。对他人而言，眼睛看着有人受奖，耳边响起给别人的掌声，除非得奖者平时对自己特别好，或者得奖后可能和自己分享，否则难免有一些酸酸的滋味。不一定是见不得人家好，至少会想自己为什么不是如此风光？

激励者和被激励者的心情，更是每一次都不相同。

对于熟悉的被激励者，激励者的表情，好像能增强许多激励的分量；对于不熟悉的人，难免流于官样文章，形式上做做，精神的能量并没有灌入。对着摄影的镜头，却无视被激励者的模样，令人情何以堪！初次接受激励，当然十分兴奋；次数多了，也就没有什么特别的感觉。和什么样的人同时接受激励，常常影响被激励者的心情：认为高攀时，固然与有荣焉；认为被贬低时，当然心生不屑——和这些人同台简直是丢脸。

这么复杂的变化，使得激励活像一把双刃剑：用得好很可能产生良好的效果；若是用得不好，也很可能伤害自己，弄得吃力不讨好，甚至引发相反的效果。

不激励不行，激励得不合理也不行。

偏偏合理不合理又十分难讲，因为公说公有理，婆说婆有理。听来听去，很难决定究竟谁比较合理。

应该激励的，才可以给予激励；不应该激励的，当然不可以给予激励。这种话谁都会讲，但是怎么听都听不清楚，非经一番历练，亲身有所体会不可，否则实在难以理解。何况立场不一样，就有不相同的主张，难以抉择。

好听的话，听多了就不爱听。这还没有关系，一旦听到不好听的话，就会恼羞成怒，造成很大的伤害。

这一本书，从激励的两难说起，让我们体会"激励不一定好，不激励也不好"的两难状态，提高警觉，才能保持激励应有的态度，也就是多方面兼顾，以求合理。唯有合理的激励，才值得做，也才有良好的效果。

欢迎各界先进朋友，不吝赐教，幸甚！

曾仕强

谨识于兴国管理学院

 前言

激励犹如无底洞。任凭企业激励，激励，再激励，员工的需要永远难以满足，永远用"缺乏激励"来做借口，不尽心、不尽力，只保持不会被开除的水准。

不公平是最好的挡箭牌。一切不满与怠工，都可以用"我认为不公平"来洗刷罪名。激励不公平，成为理直气壮的不平之鸣，使激励的负面效果遽然升高。

物质性的激励，无论是金钱或奖品，员工认为"不拿白不拿"，而且拿的时候的确有一些感激，不过时间相当短暂，不久就淡忘。然后依然故我，又松懈下来。精神性的激励，很容易被看成不费之惠，只是嘴巴说说，根本没有实际的利益。刚开始有新鲜感，也许有用，用久了，当然无效，有时还会引起相当的反感。

受激励的人，并非不知感激，而是转瞬就会忘记；未被

激励的人，认为不公平，觉得自己十分委屈，于是怀恨在心，久久不能忘怀。

感激的人很快就忘记，怀恨的人恒久不能平静。这种组织气氛，怎么能够产生激励的效果？

再说，领导把不是激励的措施当作激励，下属不感激，就加以责怪。下属心里不感激，还要装出感激的样子，结果口是心非，自己都觉得滑稽，生起气来更是愤愤不得其平。

激励固然不是施恩，领导激励下属，不可心存有恩；激励也不是义务，领导激励下属，下属如果视同领导应尽的义务，请问会有什么反应？是不是不领情？或者不在乎？会不会要求愈来愈高，因此愈来愈觉得难以满足？

事实上，激励几乎是一种感应。领导以真诚的关心来激励下属，下属如果不能认知，就没有感应，因而等于没有激励；下属若是能够认知，便能产生感应，发挥激励的功效。

员工的认知，是激励有效的保证。任何措施，只要员工认为是一种激励，而且愿意接受，他就会加倍努力把工作做好。但是，先决条件仍是员工必须明白，激励的目的不在士气高昂，不在大家一团和气，也不在众人奋发有为，而在自我调适，把力量朝向团体目标，做好应做的工作。

同时，员工最好建立共识，组织不可盲目激励。

第一，不宜激励时不可以激励。例如，打字员把字打好，原本是分内事，若是加以激励，就会养成不正常的观念，认为领薪水可以混日子，有激励才好好打字。打字员把字打好，本身就是一种激励，现在给予另外的激励，反而把原来的喜悦感降低了，误认为自己是为了被激励才好好打字，对打字员也是一种不好的措施。

第二，没有本事的人不可以激励，因为组织只能够激励有本事的人，以形成"有本事就来拿，拿不到怪自己"的风气。这种风气本身就带有相当的激励作用，可以降低若干激励的成本。

第三，要明白公平是不可能的，组织只能够公正地做到合理的不公平，不可能样样公平。大家要求样样公平，势必觉得样样不公平，因而抱怨、气愤，抵消了激励的效果。

激励不完全是激励者与被激励者两者之间的事，很容易牵涉第三者。一种相当简单的激励行为，就激励者与被激励者而言，原本彼此共鸣，并无不可。然而，第三者看在眼内，却完全不是味道，因而心生不满，趁机散布流言，使更多的人汇集成为灰心失望的一群，造成相当严重的反激励，实在得不偿失。

有明有暗，有个人有组织，有物质有精神，有一般也有特殊，由于个人立场不同，看法很难一致。所以，激励时如何兼顾，应该是不可忽视的课题。

中国人有一种乍听起来相当奇特的观点，那就是"公平根本不公平，不公平才是真的公平"。西方人认为"我有，你有，他有"，当然公平；中国人则常常以为"我有，你有，他也有"，这算什么公平？最好是"我有而别人没有"，这才算公平。请问为什么这样？答案很简单，竟然是"我做得比别人多"。

中国人对自己和对别人，大多采取双重标准。总觉得自己比别人认真，也有更多贡献，当然应该受到更多的激励。看到别人和自己一样，难免有一些泄气。

现代人喜欢说"能力"，是受到西方英雄主义的影响。中国人最好说"本事"，大家更为心悦诚服。

我们通常不崇拜英雄，却十分佩服有本事的人。对中国人来说，"有本事就来拿，拿不到不要怨别人"，成为大家共同接受的激励原则。如果只重视能力而不注重本事，团体伦理丧失，整体士气低落，也是一种自作自受。组织文化必须以本事代替能力，大家才会重视伦理。各自表现得恰如其分，减少很多无谓的纷争。

激励的艺术，仍然是以不变应万变。虽然近代以来，许多人不断攻讦、否定、推翻、更改以不变应万变，但这是真正高明的智慧，我们仍将加以发扬光大。

不变的是激励的经，万变的是激励的权。懂得持经达权的激励者，就会秉持以不变应万变的原则，以不变的经来建立共识，当作不能够随便加以改变的激励原则，然后因人、因事、因时、因地而随机应变，表现出万变的激励方式，以求合理。

激励方式，有公开的，也有暗中进行的；有集体的，也有个人的；有物质的，也有精神的。但是，无论如何，都应该公私分明，不能够假公济私。有些人喜欢用公家的钱施个人的恩，表面上看起来很合算，说不定还可以从中牟利；实际上却祸患无穷，很快就会带来不良的报应。就诱因而言，一般人可能过分强调金钱的重要性，因而设置许多以金钱鼓励员工的诱因制度。殊不知金钱固然是古老而可靠的激励工具，但是并没有想象中那么强而有力。对于某些从事生产工作的工人，群体的压力往往破坏了金钱诱因的力量。所以，我们除了金钱诱因之外，尚须考虑胁迫、操纵等诱因。

权威和操纵的诱因，常常纠缠在一起。中国人未必尊重权威，却很难不害怕权威。当我们把上级的权威打倒之后，我们会不会转而害怕非正式的权威或外来的权威呢？上级觉得自己的权威已经不像往昔那么可靠，会不会开始改变态度，依赖下属或者与下属建立较为亲密的关系，因而使下属有机可乘，反过来操纵上级呢？

可见，激励看起来简单，一句"关心他就好"便可以解决问题，而实际运作起来，实在不容易。我们在观念和原则方面，有很高的智慧。西方则在实际运作的方法上，建立了许多架构分明的理论。如何运用中国人的智慧来善用西方的激励理论，使其行之有效，是我们努力的目标。

激励好比一把刀，有刀刃，也有刀背。用得好，很有助益；用得不好，说不定会伤及自己。本书所描述的虽然力求配合实际的情况，但是最主要的目的，仍在发挥"有本事就来拿"的精神，深深盼望"有本事的人能够出头"，建立"合理的不公平"，以促成真平等的理想能够早日实现。

激励是否公正？一向是被激励者最为关心的课题。对中国人而言，不必口头宣示自己的秉持公正，大家便已经心知肚明，想瞒过大家的眼睛，实在很难。激励者最好坚持公正心态，再说其他，通常更加有效。

激励的两难

激励是大家公认的驱策力,
也是众人愤愤不平的主要来源。

为什么士气低落？因为缺乏激励。
又为什么气愤？由于激励得不公平。

不激励，大家懒得动，
就算动起来，也不会尽心尽力。

有了激励措施，大家明争暗斗，
真的假的效果都有，分不清楚，自然不公平。

激励不好，不激励还是不好。
两难必须兼顾，才能做到合理激励。

两难、兼顾、合理六字真诀，
在为人、处事、管理上可以通用 。

到底是激励还是不激励

员工不想好好表现的原因,主要在于缺乏适当的激励。对管理者而言,激励即使不是一句口头禅,也往往由于误解而采用了无效的方式(如图1–1)。

比如,"不知不行"。管理者不了解激励的真义,不能够深入探讨激励的本质,只是嘴巴上说说,而缺乏真正有效的措施。这种空口说白话的激励,实际上不能激励员工好好地表现。

还有"不知而行"。有些人认为刺激、鼓舞或开一些空头支票来描述未来的愿景,便等于激励;有些人以为诚恳或坦诚就是激励,于是把这些与激励有关的东西当作激励本身来

激励艺术

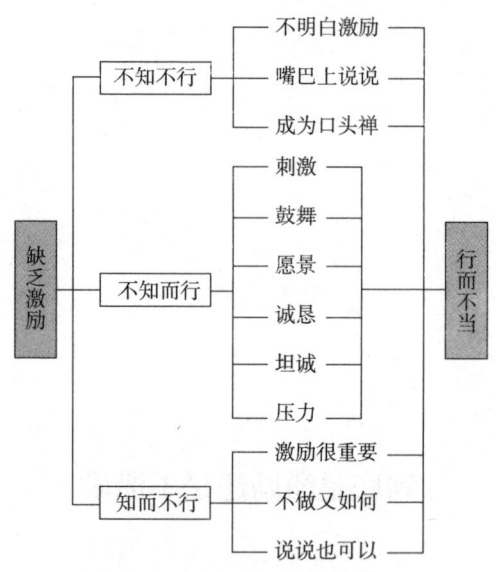

图 1-1　不激励就不好好表现

看待，结果当然收不到激励的效果；更有些人用施加压力来激励，短暂地提高绩效，便自以为得计，时间一久，也就失去效用。

当然，也有些人"知而不行"，认为不激励又如何？不料缺乏激励，员工便不好好表现，以致绩效不佳。

员工表现得好不好，相关的因素有很多，包括员工本人的价值观和人生观，这些都可能对其产生很大的影响。但是，一般来说，管理者的态度占有最大的比重。

换句话说，员工是否表现良好，管理者应该负起重大的责任，并不是把责任统统推给员工、指责员工，甚至以为动用各种威胁、恐吓、施压等措施，便能够解决问题。管理者即使十分忙碌，也应该花一些时间来研究有关激励的种种论述，以期对激励有所认知，然后知行合一，合理地表现出来。唯有管理者先有良好的表现，才能够引导员工也好好地表现。其中，管理者对激励的正确认知以及合理运用，更直接影响到员工的行为表现。

绩效不佳的理由有很多，包括组织、制度以及管理等方面的诸多问题。然而，大家很容易一下子便把责任推给"沟通不良"或"士气不振"。一说到士气不振又联想到缺乏激励，所以，"缺乏激励"成为众人指责的对象之一，至少是大家最容易寻找的一种借口。

"不激励不行"似乎是一种趋势，因为大家公认激励是一种有效的驱策力，可以激发员工努力工作，尽量好好地表现。管理者不激励，员工懒洋洋，管理者自己也不好受。因此，缺乏激励，成为管理者的常见罪状之一。

缺乏激励可能产生的不良现象，例如，士气低落；员工流动率过大；彼此之间漠不关心，没有人情味；大家厌烦工作，生产力降低；不用心、不专心，到处制造浪费；一动不如一静，抵制革新；等等。种种因素加在一起，就造成绩效不佳的可怕结果（如图1–2）。

激励艺术

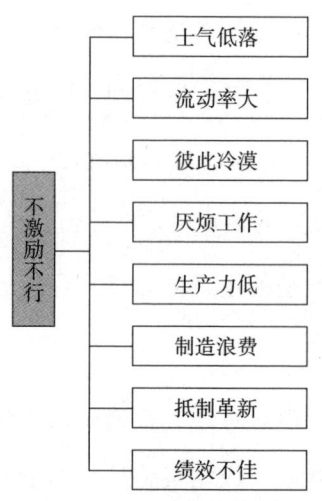

图1-2　不激励的后果

管理者把绩效不佳归咎于员工的工作表现不够良好，而员工则反过来责怪管理者不懂得激励，也缺乏激励的措施。这种彼此怨责的现象，几乎到处可以看到，成为十分普遍的组织病态，也是士气普遍低落的主要原因。

士气非常重要，大家都希望提高士气。然而，实际情况却是令人伤心的士气不振，连带着产生绩效欠佳的恶果，更是大家所不愿意承受的心理负担。要提高绩效，必须提高士气，而希望士气高昂，又非适当加以激励不可。所以，管理者应该心里有数，不激励不行！

本节小结

不要认为激励只是一种口头禅，说说就算了。不要把刺激、鼓舞等和激励相关的字眼当作激励，以免行而不当，有激励却没有激励的效果。激励是一种有效的驱策力，可以激发员工努力工作，尽量好好地表现，对于这一点，管理者一定要心里有数。

激励并非易事

既然不激励不行,那么实施激励就是了。不过,事实上并没有那么简单。因为实施激励,难免有一些规定,然后配合奖惩,以增强效果。中国人相当机灵,马上动脑筋,全力做到符合规定,这时真的、假的、半真半假的、亦真亦假的,都派上用场,弄得考核的人头昏脑涨,很不容易分辨清楚,以致每次公布结果,大家都觉得不公平。这样一来,大家愤愤不平,徒然把激励的效果抵消了,有时还会引发一些反效果(如图1–3)。

有了激励,大家忍不住要明争暗斗。"争第一、不落伍"原本是中国人从小培养的志气。如今有奖有惩,大家更是

第一章 激励的两难

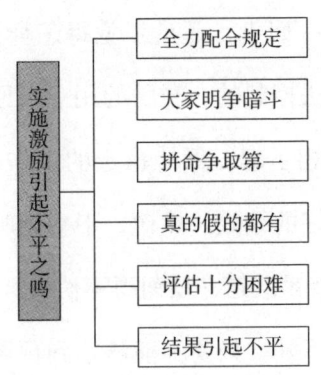

图 1-3 实施激励引起不平之鸣

"输人不输阵",奋力向前。激励的气氛愈浓厚,明争暗斗的较劲愈激烈。大家愈重视结果,不公平的感觉就愈明显。几乎所有激励措施,最后都淹没在不平的浪潮下,变得有气无力,渐至效果不彰。

中国人的习性,有很多地方像水:得到好处的时候,好像水流在平地一般,默默无声,根本不会说出来;一旦受委屈,受到不平的待遇,马上像水流在斜坡上一样,不平则鸣,发出很大的声音。

得到好处的人,并不感谢,因为他是依规定获得的合理报酬,只按照规定得到应得的,并没有什么特别的待遇,为什么要心存感谢?那些没有得到好处的人,则深感不平,因而发出不平之鸣,严重地打击了士气,破坏了团队的和谐。

管理者不可以不顾虑激励所产生的效应,因为管理者自

激励艺术

己心里怎么想是一回事，而员工觉得怎样则是另外一回事，并且是管理者无法控制的。激励的用意，原本在改善工作的气氛，使员工互相了解，保持稳定的工作步伐，彼此协调，在合作中创造良好的绩效。然而，不平则鸣，可能导致员工互相猜忌，甚至怨声载道，反而得不偿失。激励的用意虽好，产生反效果当然不好。只要不能够达到预期的激励目标，不管用意有多好，也不能算是良好的激励。

得不到奖赏的人，大多有不平之感。任何激励措施，都不可能不分等级一律给予同样的奖赏，因为统统有奖固然皆大欢喜，但也偏离了激励的实质。一旦分等级给予不同的奖赏，马上会引起大家不平的感觉，于是造谣生事，弄得人心不快，情绪不稳定，产生很大的反效果。

得到奖赏的人，毕竟是少数，他们认为奖赏是自己努力得到的报酬，心里不感激；得不到奖赏的人，可能居多数，他们认为遭受不公平的待遇，心里不服气。这些反应，往往抵消了激励的功能，不可不慎（如图1-4）。

员工所产生的感觉，固然要员工自己承受，因为抱怨根本不能解决问题。然而员工的不平，对管理者的心理同样造成某种程度的伤害，使管理者心生不快，情绪上受到影响。

激励的效果，管理者和员工双方都必须共同承受。效果

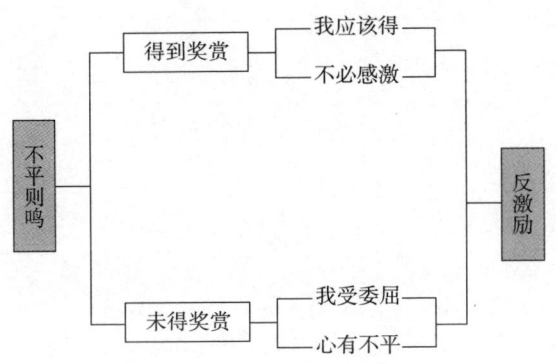

图 1-4　不平则鸣会引起反效果

良好皆大欢喜，管理者固然不致浪费激励成本，造成赔了夫人又折兵的伤痛；员工也将士气振奋，再造佳绩。

效果若是不好，那就两败俱伤，管理者气愤不堪，员工也愤愤不平，此伤害实在远大于所花费的成本。

本节小结

激励最怕的，就是引起大家不平的感觉。因为不平则鸣，会产生很强烈的破坏力，使激励失去作用。要减少不平之鸣，管理者最好说明"我不敢保证一定公平，却有心做到公正"，唯有在"公正未必公平"的气氛下，才能把员工不平的感觉消减到最低程度，因而使激励的效果达到最好。

站在不激励的立场来激励

激励不好，不激励也不好，这是两难（如图1-5）。

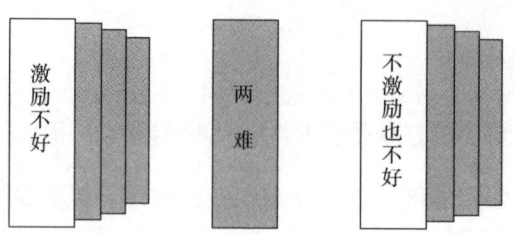

图1-5　激励的两难

人性既不像X理论所描述的"天生懒惰，讨厌工作"，也不像Y理论所寄望的"经过适当激励，人人均能自我领导，并且具有创造性"。人性可塑，但是也有其限制。不激励不足以调适员工的行为，而激励也无法完全改变员工的行为。特别是不平的心理，更是激励的一大阻碍。

最好的办法，便是从根本上改变公平的观念。管理者坦诚说明"我只能够公正，却很难保证公平"，因为管理者自己强调难保公平，员工就不会用不公平来批评他。得到奖赏不感激，未得奖赏不服气，完全是管理者认为自己完全公平所招致的恶果。公正未必公平，是解开两难的观念突破。

一般人的错误，说起来十分可笑，竟然是把公平视为常态，认为激励应该公平，甚至于要求激励必须公平，以致自食其果，引发不公平的感觉。

实际上，不公平才是常态，公平反而是一种特殊的心态。一种激励措施，居然被大家视为公平，不是这个组织太专制了，大家敢怒不敢言，不敢明白地表现出来；便是这种措施太宽松了，大家毫不费力就能够获得激励，而且所得甚丰，远远超过大家的预期，一时间觉得十分公平，当然没有什么怨言。这两种情况，其实都不合乎激励的原则。

激励和沟通、领导一样，都会产生两难。不做不行，做也不行。把公平的观念摆在一边，用合理的不公平来取代，应该是可行而且有效的方式。

激励从两难开始，才能够兼顾激励与不激励。换句话说，应该激励的人，才给予激励；不应该激励的人，不必给予激励。同样地，应该激励的时候，才能实施激励；不应该激励的时候，实在不能激励。

激励不可过分，以免"惯坏"了员工，无以为继；或者"鼓胀"了员工，造成长期疲惫。激励应该合理，目的在有效调适员工的行为。

一般来说，激励是为了改变员工的行为。我们对于人的行为能否改变，实在存疑，因为一个人幼年时期所养成的行为，常常会伴随其一生，到老都难改变。激励大概只能调适人的行为，使其符合预期的目标。调适和改变的差异在于多少不同，就是不存心完全改变他，仅希望其稍作调整。调整并不是改变，也不是不改变，而是改变到好像没有改变一样。

怎样兼顾激励与不激励呢？说起来相当简易，那就是"站在不激励的立场来激励，以求得合理的激励"。

站在激励的立场，相当于凡事都要激励，很容易掉入讨好员工的陷阱。员工是不能够讨好的，把员工宠坏了、惯坏了，时时等待激励、事事期待激励，把价值观扭曲了，等于害了员工。

站在不激励的立场，便完全放弃激励，这是二分法的思维，对管理者极为不利。不激励包含激励在内，表示"不可不激励，不可乱激励"的意思，比较容易找出激励与不激励之间的平衡点，采取合理的激励措施，因而产生良好的激励效果，其要点如图1-6所示：

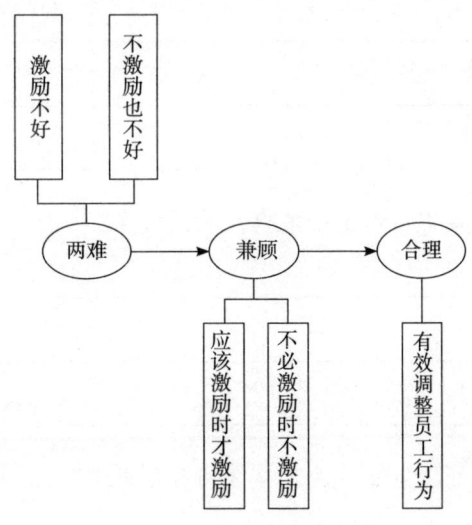

图1-6　兼顾才能突破两难

本节小结

激励不好，不激励也不好，这是两难。怎样兼顾激励与不激励呢？那就是"站在不激励的立场来激励，以求得合理的激励"。

🔊 思考

1. 你认为到底是应该激励还是不激励？在工作中你又是如何做的呢？

_____

_____

_____

2. 激励常常引起不平之鸣，原因何在？

_____

_____

_____

3. 怎样处理激励的两难，做到合理激励？

_____

_____

_____

第二章
中国人的激励特性

激励的原则是：公正却不一定公平。
大家把公平的焦点转移到公正这一边。

首先看看自己的本事，
因为我们主张有本事者就可以来拿。

机会是公正的，大家都有份。
拿不拿得到，看自己的本事，不要怨别人。

拿不到最好怪自己不行，再去充电。
下次再来，而且还是公正地提供机会。

不一定公平，却一定公正合理，
这叫作合理的不公平，是真正的平等。

管理者承认自己公正却未必公平，
员工反而容易产生相当公平的感觉。

有本事就来拿

我们之所以主张公正未必公平，乃是基于最有效的激励精神，在于"有本事就来拿"。拿得到的人当然很高兴，拿不到的人也不应该怪别人，最好反求诸己，再充实自己，以便下一次顺利拿得到。

如果机会很多，每一位有本事的人都拿得到，那是真的公平。事实上，机会常常不够多，甚至往往令人觉得太少，以致有本事而没有机会的人，不可能拿得到，因此会有不平的感觉。"不给我机会，却怪我没有本事"成为常见的抱怨，"看人家给不给机会，而不是我能不能做"也是经常听见的借口。不能自我反省的人，经常把焦点对准别人，常常找借口来安慰自己。

公正地提供机会，有本事就来拿。但是机会不够多，不能普遍地提供，所以不见得公平。这一次拿不到，等待下一次，公正未必公平，大家才能够谅解（如图2-1）。

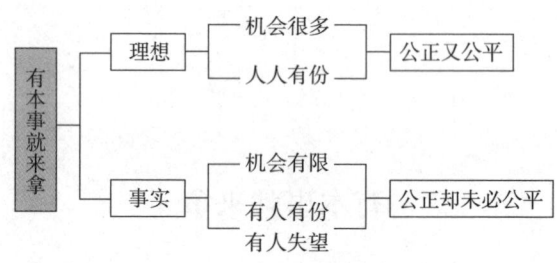

图2-1 有本事就来拿

要求公平，并不是不可以，而是必须具有良好的配套。譬如，资源非常丰富，不可能短缺；或者机会十分充足，不致有所限制。实际上，管理者所面对的环境很难达到这样。我们所能够控制和运用的资源，往往十分短缺，至少不够充分；我们所能够提供的机会，也常常十分有限，谈不上充足。在这种情况下，根本没有资格谈什么公平。谦虚地自称公正而不公平，大家反而比较容易接受和谅解，不致引起激烈的反弹。若是毫不自谦，竟然宣称自己十分公平，极易引起大家的反感，以致让人愈看愈觉得不公平，愈想愈觉得气愤难平。

公正就是合理，合理的不公平，并不是不公平。

实施"有本事就来拿"的激励,首先要求每一个人都至少要用心充实自己,使自己具有相当的本事。

本事是什么?主要包括合理的态度、自主的觉醒、人际的技巧、专业的知识、自我的定位,以及合作的心理等六方面(详细的内容在后面将有比较具体的说明)。总括起来,可以说是"做人与做事并重"。换句话说,做人和做事能够双方面兼顾并重的人,才有资格被称为有本事的人(如图2-2)。

```
                 ┌─ 合理的态度 ─┐
                 ├─ 自主的觉醒 ─┤
    自己要       ├─ 人际的技巧 ─┤   做人做事
    有本事  ─────┤             ├─── 并重
                 ├─ 专业的知识 ─┤
                 ├─ 自我的定位 ─┤
                 └─ 合作的心理 ─┘
```

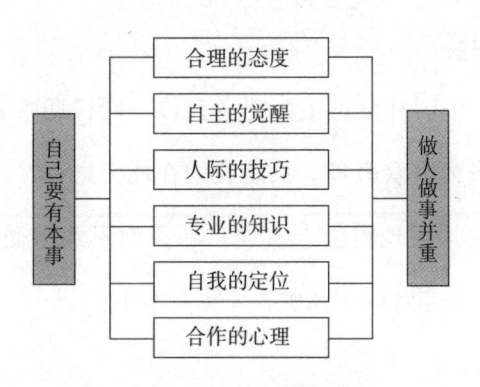

图2-2 自己要有本事

做人的本事加上做事的本事,才是我们所需要的本事。一个人只会做人不会做事,固然会形成一团和气的人际关系,却可能一事无成,毫无工作绩效。一个人只会做事不会做人,尽管很能够在工作上有所表现,但每做一件事便得罪若干人,到头来把人都得罪光了,处处有阻力,请问又如何能做好事呢?所以,好好做事之外,还要好好做人,两者并重,才是

激励艺术

真本事。

西方人重视能力，主张能力本位，认为有能力的人，就应该受到相当的激励，以资公平。

在中国社会，有能力的人有时可能会受到委屈，受到打击。因此有人主张应该完全不顾人情、伦理，使有能力的人居上位，结果弄得组织气氛十分不安宁，团队士气也相对低落，以致把种种不良现象都归咎于传统的厚重包袱，认为其是进步的阻碍。

其实，中国社会也主张能者在位，同样期盼有能力的人能够站出来为大众服务。只是我们在能力之外，还重视做人的道理，必须表现得受人欢迎：一方面不致遭受上级打压；一方面也不会招致同人嫉妒，才算有本事。

本节小结

了解公正未必公平的道理，才能够接受合理的不公平。进而明白有本事适当地表现，让上级赏识而同人也不致排斥，就应该兼顾做人与做事两方面。只有做事的能力，往往不表现则已，一表现就备受打压与攻击。这时候必须充实做人的能力，才能够有本事地表现。

| 第二章　中国人的激励特性 |

拿不到怪自己

组织所要做的，是把守人员进入的第一关，运用正确的方式来慎重甄选员工。不随便选用人员，是确保工作绩效的先决条件。对新进员工要用心逐渐深入了解，同时给予必要的训练，并且适才适用，指派合适的工作。提供员工表现的机会是组织的责任，员工在工作上若无表现的机会，就会觉得厌烦、不安，不但挫折感愈来愈重，而且可能会跳槽离去。

工作的标准应该明确，然后予以公正地考核。绩效优良的员工，依照规定给予奖励，以资强化。这一部分措施，如果做得合理，便能够发挥激励的效果。组织提供机会，在员工表现优良时，给予其应得的认可或奖赏，使其获得自我满足，便是有效的激励。

我们常说薪资是组织发放的，或者是老板发放的，其实不然。组织或老板都不可能印制钞票或发金钱。员工的薪资，实际上是自己赚来的，并非我们所想象的由组织或老板给予的。

既然薪资是员工自己赚来的，凭什么员工要感谢组织、爱戴老板呢？答案十分简单，因为工作机会是组织提供的，或者老板所允许的。所以，合理地提供工作机会，其实就是一种良好的激励。工作机会只提供给合适的人，不随便让不合适的人来获得，便是有效地把守第一道关卡（如图2-3）。

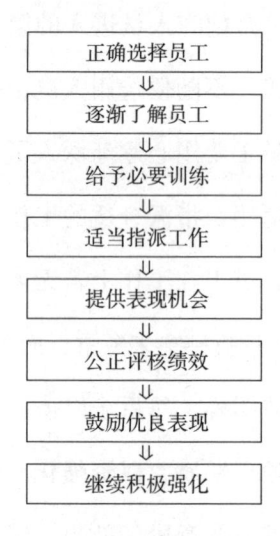

正确选择员工
⇩
逐渐了解员工
⇩
给予必要训练
⇩
适当指派工作
⇩
提供表现机会
⇩
公正评核绩效
⇩
鼓励优良表现
⇩
继续积极强化

图2-3 组织提供机会

甄选合宜，创造出良好的激励环境。因为同人的素质所造成的士气和团队精神，与每一位成员都有十分密切的关系。激励有效与否，主要系于员工的心理反应。所以，志同道合成为十分重要的一种团队气氛。员工必须彻底地觉悟：拿得到不必骄傲，而拿不到则最好不要怨天尤人，应该反过来想想自己。能够自我反省，才有拿到的一天。中国人特别重视反求诸己，便是基于"改变他人不如改变自己，这样比较快速而有效"的道理。我们很难改变他人，不如改变方向，好好地调整自己，反而比较有把握。

一般人喜欢怨天尤人，实际上怨天又有什么用？天毫无反应，怨也无济于事；尤人则往往惹人反感，更增加自己以后的阻力。怨天尤人，受害的多半是自己。

拿不到的时候，要平心静气，想一想"为何会如此"。既然公正而自己又拿不到，必然是因为自己有一些弱点或盲点，最好再加充电以求突破。下一次拿得到固然好，就算仍然拿不到，也增强了自己的实力，对自己总有些好处（如图2-4）。

口头上怨天尤人，心里头自我反省，还说得过去。因为表现于外的，不过是做给别人看；而内在的行为，才能发生真正的作用。问题是看的人有什么反应，这才比较重要。

无关紧要的人，看和不看都一样，可能表面上假装同情，

激励艺术

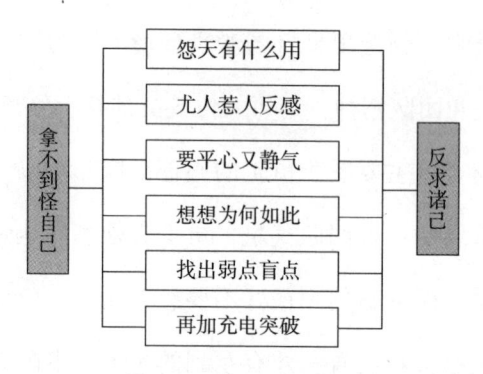

```
┌─────┐    ┌──────────┐
│拿不  │────│怨天有什么用│────┐
│到怪  │    ├──────────┤    │  ┌─────┐
│自己  │────│尤人惹人反感│────│  │反求 │
│      │    ├──────────┤    │──│诸己 │
│      │────│要平心又静气│────│  │      │
│      │    ├──────────┤    │  └─────┘
│      │────│想想为何如此│────│
│      │    ├──────────┤    │
│      │────│找出弱点盲点│────│
│      │    ├──────────┤    │
│      │────│再加充电突破│────┘
└─────┘    └──────────┘
```

图 2-4　拿不到怪自己

内心颇不以为然。要紧的是管理者看到员工怨天尤人，会喜欢吗？当然不可能喜欢。但是看到员工冷静地反求诸己，管理者也会受到相当程度的感应，同样反求诸己，经常发现自己一些不合理的地方而自动调整过来，结果对员工反而有利。何况形诸于外的，有时候也会弄假成真，影响到内心的感觉。

养成不怨天尤人的良好习惯，总归对自己更有助益。磨炼自己，总有一天会练成真本事。就算真的受委屈，那一天再来责怪也不迟。

本节小结

得不到合适的工作机会，不必怨天尤人，却应该反求诸己，认真检讨自己的弱点，寻找自己的盲点，以便用心充电，增强自己的本事，等待下一次机会来临。

第二章　中国人的激励特性

合理的不公平

充电到底是组织还是员工自己的责任？答案并不一致。我们建议：员工最好明白，充电乃是自己的责任。一个人具备真本事，任何人都抢不走，而且一辈子都可以用。充实自己，就是今天常说的终身学习。无时无地不需要学习，充电当然是自己的责任。

希望组织培育自己，当然也是一种正确的观念。不过自己的充电意愿高昂，才是充实自己的有力保证。

机会不会一生仅有一次，这一次拿不到，不必后悔。应该针对自己的弱点，力求充实，以便下一次机会出现的时候，好好抓住。要"度小月乃候时机"。时机不利时，要"守"、要"待",叫作"度小月",也就是说,并不是空等待,而是把握时间充电,增强自己的实力,随时有机会,马上可以表现出来。不等待干着急,空等待到时候还是拿不到。一个人的本事最要紧,不可不利用等待的时间,及时充电。如果希望获得合理的激励,那么充实自己实在是刻不容缓的事情(如图2-5)。

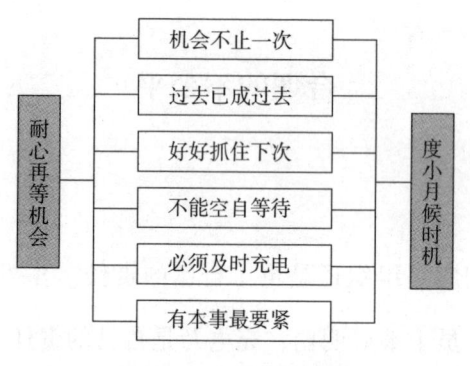

耐心再等机会 — 机会不止一次 / 过去已成过去 / 好好抓住下次 / 不能空自等待 / 必须及时充电 / 有本事最要紧 — 度小月候时机

图2-5 耐心再等机会

激励的目的,无非在于引起被激励者内在的心理变化,使其产生预期的行为反应,以便有效地达成组织目标。一般激励理论,大多偏重被动的刺激,寄望于管理者对员工实施有计划的刺激,使员工同样被动地产生反应。

我们则兼顾主动的部分,一方面自我心理建设,使自己产生正确的认知,相信有本事终究能够获得应有的激励;另一方面则不因得不到激励而觉得没面子,以致怨天尤人,更

第二章 中国人的激励特性

增加自己的阻力。等待、忍耐、充实，才是面对激励的修养。主动胜过被动，自己掌控自主权，总比受他人控制，随着他人的刺激而反应要好得多。自我充实、终身学习，永远不吃亏。

组织公正地提供合适的工作机会，员工有本事的就可以好好表现，获得合理的激励。否则便受到纠正、批评，甚至指责或处罚，获得负面的感觉。

然而，由于工作机会有限，不能普遍提供，所以指派工作时，只能先让某些管理者认定有本事的员工来表现。于是，得不到机会的人，就会抱怨"不给我机会，根本不公平"，因而引起不平之愤。

不公平是事实，合理性也不容置疑。合理的不公平，才是真平等，叫作立足点平等。把有限的机会提供给有本事的人。人是不是有本事，要让别人来认定。保持良好的形象，乃是一个人有本事的必要表现。适当地保护或完善自己的良好形象，让管理者放心地把机会交给自己，才能够在合理的不公平气氛中，获得有利的影响力（如图2–6）。

平心而论，管理者的能力，主要表现在分配工作方面是不是恰如其分，是否合乎员工的实际状况。员工的绩效和工作的成果，乃是管理者的重大职责。

第一次就拿到	第二次拿到	第三次拿到	第四次才拿到	迄今未拿到

立足点平等

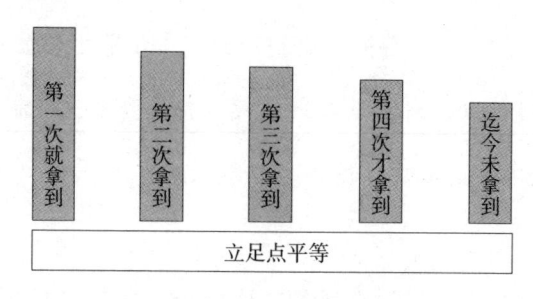

图 2-6　合理的不公平

但是，大多数员工并没有这种体会和认知。上级指派工作给他们的时候，他们往往认为上级欺压好人，找他们的麻烦，看别人轻松的样子，心里很是委屈。相反地，上级把工作指派给别人的时候，他们却认为上级偏心，不把工作安排给自己，使自己失去表现的机会。这种矛盾心理，如果不能早日改变，恐怕任何激励措施也难收宏效。

凡事站在上级的立场想一想，然后才想自己的立场。求人不如求己，自己先弄清楚，再来要求别人，应该比较合理。

本节小结

自己有本事最要紧，充电是自己的责任。希望得到具有挑战性的工作，首先就应该提升自己的实力并且适当地改善自己的形象，使上级对你具有信心，放心把工作机会交给你。有了机会却不能好好表现，势必损害自己的信用，不可掉以轻心。

思考

1. 为什么说公正却不一定能够公平？

2. 拿不到的时候，你是反求诸己，还是怨天尤人？结果有什么不同？

3. 你喜欢不合理的公平，还是合理的不公平？为什么？

第三章
中美日的激励文化

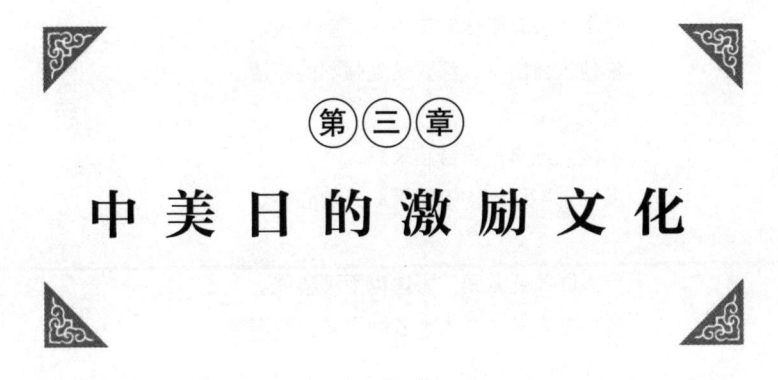

美国人激励个人,并不激励团体。
有功才赏,无功当然不赏,十分明确。

日本人激励团体,不主张激励个人。
任何人强出头,都要受到强烈的打压。

中国人凡事都要合起来想,
激励也不例外,不要采取分的心态。

个人固然要激励,团体也不可忽视。
我们常常通过个人来激励团体,妙得很!

有功劳当然要赏,没有功劳也有苦劳。
把功劳与苦劳合在一起想,兼顾又并重。

比来比去,看来看去,真是各有巧妙。
最好按实际情况,依团队共识,合理运用。

| 第三章　中美日的激励文化 |

美国人激励个人

西方文化一向标榜个人自由与政治民主，主张个人有权通过自由选择的途径，来追求个人的利益、达成个人的目标。每一个人都应该发现并且发挥自己的长处，以造福他人。可惜的是，大多数的人只知道把自己的长处用在自己身上，却忘记了为他人造福。

个人主义当然有理想的一面：自己对自己的所作所为，应该负起全部责任；平等地对待每一个人，处处尊重他人的尊严；人人有自由，因此个人的自由不能够妨碍他人的自由；个人独立，却必须与他人互信互动，共同追求社会的进步；彼此吸收不同的长处，使自己不断获得成长；大家在自信与信人的气氛中发挥潜力。

然而，个人主义也有不利的一面：要求他人负责，自己却未必愿意承担责任；有时过分以自我为中心，以致忽视他人的存在；自由过度，因而妨碍了他人的自由；独立得十分自私，把他人都当作竞争者；人与人疏离，难以互动互信；过分强调自己，却不能够关心别人。

美国式的激励，由于受到个人主义的影响，当然以个人为对象。既然每一个人死亡之后，必须自己单独面对上帝的审判，组织中的每一位成员，在工作告一段落时，同样应该单独接受评审。所谓团体目标，早已分割成若干个人目标，各人自己努力，各人接受不一样的激励。

每一位成员，都是一个独立的个体，也是一个独立的单位。每一位成员，各自设定目标，并且尽力去达成。激励个人，使其认识并发展个人的潜力，成为美国式激励的主要任务（如图3-1）。

西方人把"有"和"无"分开来看，有就是有，而无也就是无。有功即赏，无功当然不赏，这看起来是非分明，也十分符合个人主义的特性。

只有功劳，无所谓苦劳。尽可能量化，大家力求算得清楚，讲得明白。由于西方人大多以个人的成就来确保自己的

第三章 中美日的激励文化

```
                    ┌─ 个人主义盛行
              ┌依据─┼─ 讲求独立、自由、平等
              │    └─ 人人都是独立的个体
              │
              │    ┌─ 各自设定目标
重视个人的成就─┼精神─┼─ 各自认识自我
              │    ├─ 各自发挥能力
              │    └─ 各自完成任务
              │
              └方式─┬─ 以个人为对象
                    └─ 实施不同的个别激励
```

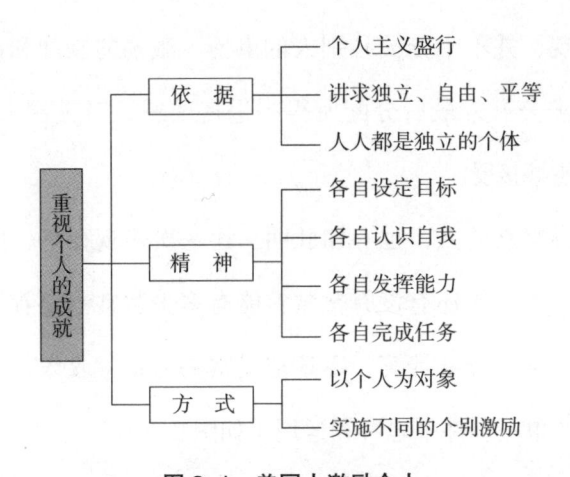

图 3-1 美国人激励个人

价值，因此激励者与被激励者双方可以彼此讨论，有时候还能够讨价还价。

基于对隐私权的保护，大多数组织一般不会公开员工的薪资待遇，个人的薪资被视为个人与组织之间的一种机密事宜，西方人把询问他人的薪资视为一种失礼的行为。实际上，这种薪资保密的措施，经常令人高估同人的薪资而引起不满。不过把薪资公开，实在不容易使大家心悦诚服，各种差额都将成为追究、争执的焦点。

美国人特别强调同工同酬，如果发现自己和同人的工作或贡献相等，而所得却较低，就会心生不满而工作不力。采取个别而不公开的激励，成为比较有效的方式。美国人也习惯于尊重别人及团体纪律，把各人都当作独立的个体，各人自求表现，并不十分关心别人的事情。激励的制度和评核的方式力求公开，最后分配所得则保持秘密，对美国人来说，普遍都能够接受。

获得奖赏的人，也心知肚明：这一次表现得好，所以有此奖赏，下一次还有没有奖赏？能有多少奖赏？要看下一次的表现。逐一分开计算，不致把奖赏列为正常收入，更加理性地当作单一事件来思考和运用（如图3-2）。

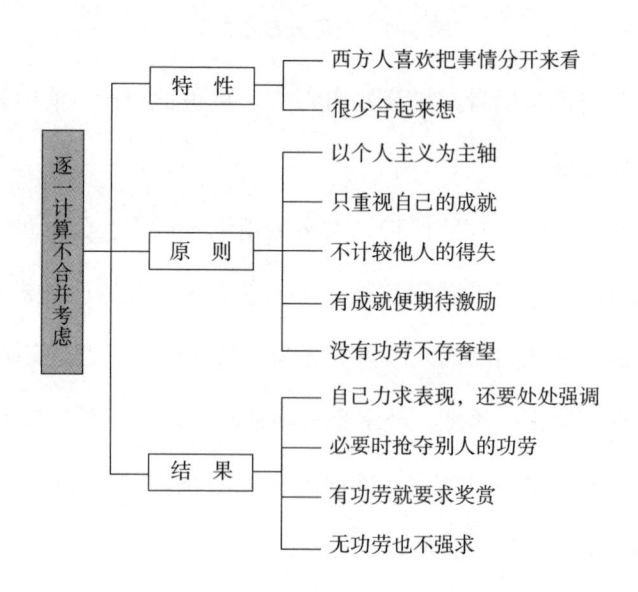

```
                    ┌─ 特  性 ─┬─ 西方人喜欢把事情分开来看
                    │          └─ 很少合起来想
                    │
                    │          ┌─ 以个人主义为主轴
逐一计算不合并考虑 ─┼─ 原  则 ─┼─ 只重视自己的成就
                    │          ├─ 不计较他人的得失
                    │          ├─ 有成就便期待激励
                    │          └─ 没有功劳不存奢望
                    │
                    │          ┌─ 自己力求表现，还要处处强调
                    └─ 结  果 ─┼─ 必要时抢夺别人的功劳
                               ├─ 有功劳就要求奖赏
                               └─ 无功劳也不强求
```

图3-2 有功才赏无功即无

本节小结

受个人主义的影响，美国人的激励以个人为主。每个人

都讲求独立、自由、平等。各自设定目标，各自发挥能力，各自完成任务；只重视自己的成就，不计较他人的得失；有成就便期待激励，没有则不存奢望。

日本人激励团体

日本人的集团性举世闻名。自我介绍的时候，大多先说出自己所隶属的团体，然后才说出自己的姓名。日本人常说的"我家"，大多指称自己所属的组织，充分反映出日本人十分浓厚的集体意识。日本人心目中的"家"，其含义远远胜过英语中的 family。

新年时节，当全世界的人都忙于亲属聚会的时候，日本人却专心于准备拜访上级，上级也在等待下属前来拜访。对日本人来说，血缘关系不如集团关系，除了父母和祖父母之外，已婚的兄弟姐妹、表兄弟姐妹、叔伯婶姨之间，甚少往来。各种组织都致力于加强"没有亲戚死不了，没有同事活不成"的一体化感觉，并且不断联系，达到巩固集团的目的。在这种集体气氛浓厚的情况下，个人的自由缩减到最小限度，每个集团都以各种规章，把自己的成员紧密地绑在一起。

大多数的日本人，在这种十分完整的集团意识中工作，生活得很安心。不但不觉得自己的尊严受到侵害，几乎完全没有隐私权，也不认为有什么不妥（如图3-3）。

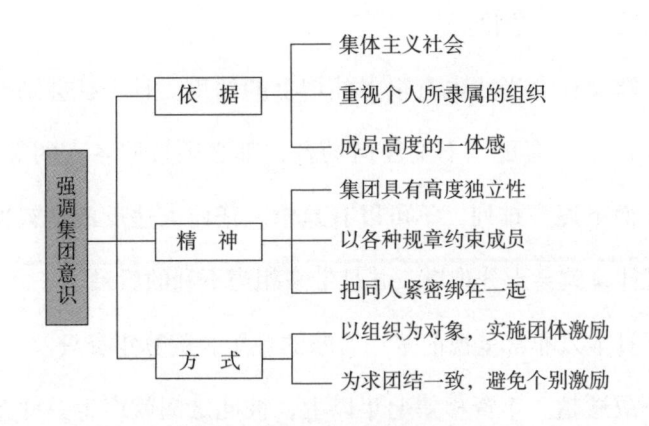

```
                    ┌─ 集体主义社会
           ┌─ 依据 ─┼─ 重视个人所隶属的组织
           │        └─ 成员高度的一体感
强调集      │        ┌─ 集团具有高度独立性
团意识 ─────┼─ 精神 ─┼─ 以各种规章约束成员
           │        └─ 把同人紧密绑在一起
           │        ┌─ 以组织为对象，实施团体激励
           └─ 方式 ─┤
                    └─ 为求团结一致，避免个别激励
```

图3-3　日本人激励团体

曾经有一位美国老板，奖赏了某一个日本组织总共五个员工中的两个，因而引起其他三个员工的集体辞职。日本人和美国人对被奖赏的感觉不一样，他们认为奖赏其他两位同人，就等于宣告剩下的三位表现得不好，当然应该辞职。这位老板以对待美国员工的方式来激励日本员工，引起个人主义与集体主义之间的冲突。美国人可以激励个人，并不致威

胁他人；日本人则只能够激励团体，借以增强集体意识，不适合激励个人，容易引起他人的不安。

日本社会和欧美社会最大的不同，在于讲求年资的深浅，而不重视能力和表现。因为按照资历排列，不但简单易行，而且稳定可靠。谁先来谁后到，一经确定就自动生效，不会产生任何变化，不像能力的评估那样困难，并且随着时间有所变化而产生争论。

欧美社会当然也有很多礼俗上的约束，日本社会则更为复杂而不容变更。不论任何场合，都必须按照各人的等级，由上而下逐一排列，不可以有差错。任何人违反或是忽视这种规律，就会十分难堪，并且带来相当不利的后果。

日本人非常重视前辈、后辈的规矩，就算年资只差一年，也不敢逾越。年资相差七年以上，彼此之间就产生一种差别感，因而不可能存有前辈、后辈以外的友谊。

后辈对前辈必须服从，不可以说"不"，或者表示不同的看法。集团内的和谐与秩序，不容许被破坏。只要被戴上"与众不同"的帽子，就会处处受到同人的排挤。公开与上级对立的人，很难有人同情。

任何露出钉头的钉子，都要想办法把它打进去。同样，个人强求出头、任意表现，在日本社会是不受欢迎的。

激励的作用主要在激发同人的一致性。日本人不讲求专业分工，他们喜欢参与一些与自己权限无关的事宜，以便夸大自己对团体的贡献。让员工做一些分内工作以外的事情，说起来也是一种激励，上级看重、同人称赞，这些非经济形式的激励，对日本人来说，十分有效。但是，必须确保员工忠顺而不与组织作对，才能享有（如图3–4）。

```
                    ┌─ 依 据 ─┬─ 讲求年资序列
                    │         └─ 重视前辈、后辈的关系
                    │
增强团体的一致性 ─┼─ 精 神 ─┬─ 不可以与众不同
                    │         ├─ 不应该自我表现
                    │         └─ 重视团体一致性
                    │
                    └─ 方 式 ─┬─ 不讲求专业分工
                              ├─ 做与自己权限无关的事
                              └─ 让员工做分外的事
```

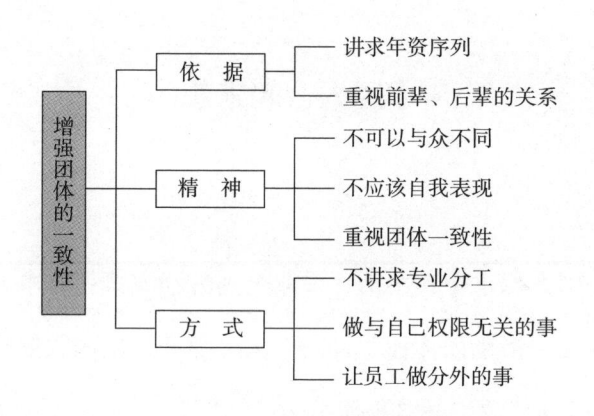

图3–4　不主张个人出头

本节小结

日本人偏重集体主义，以激励团体为主。每个集团都具有高度的独立性，并以各种规章来约束成员，把大家紧密地绑在一起。为求团结一致，实施团体激励，避免个别激励。

中国人合起来想

美国人偏重个人主义，采取个别激励方式；日本人重视集体主义，激励团体而不针对个人。那么，中国人呢？我们到底是个人主义，还是集体主义？

中国人喜欢把事情合起来想，而不分开来看。我们既不是个人主义也不是集体主义，而是两者兼顾并重：个人依赖集体，集体重视个人，可以说在团体中体现个人。如果一定要说是什么主义，那就是交互主义。

在中国社会，个人的地位当然受到尊重。要不然怎么可能一言九鼎，说话算数呢？但同时，团体意识也备受重视，因为覆巢之下无完卵，有国才有家，有家才有个人的观念至今仍然有很大的影响。

换句话说，应该表现个人主义精神的时候，特立独行备受推崇；应该强调集体主义的时候，群策群力才能普受欢迎。中国人能屈能伸，但是必须合理。

把个人与团体合起来想，有个人才有团体，有团体也才有个人。有时以个人为重，大家全力支持，让这个人好好表现；有时则以团体为重，个人全力配合，团结一致才有力量。拿捏得恰到好处，便是合理。激励和不激励，最好也合起来想。激励得好像没有激励一样（如图3-5），没有受到激励的人，也多少沾一点儿光，大家都有面子。如果分得很清楚，

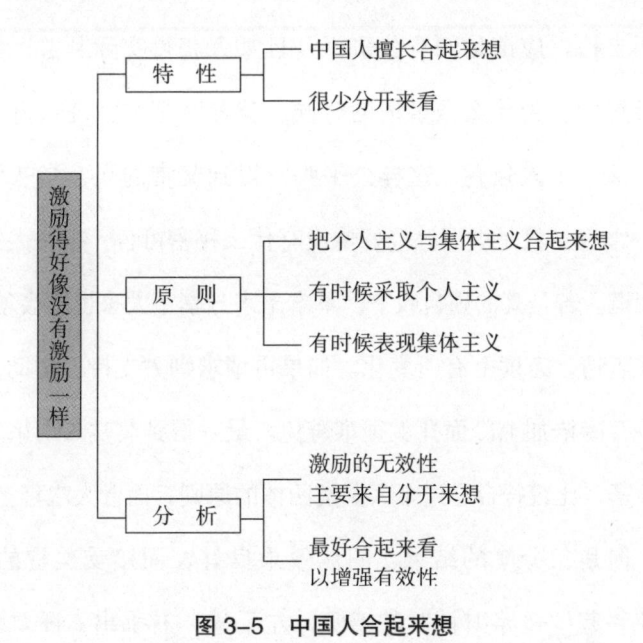

激励得好像没有激励一样
- 特性
  - 中国人擅长合起来想
  - 很少分开来看
- 原则
  - 把个人主义与集体主义合起来想
  - 有时候采取个人主义
  - 有时候表现集体主义
- 分析
  - 激励的无效性主要来自分开来想
  - 最好合起来看以增强有效性

图3-5 中国人合起来想

激励艺术

受到激励的人感受到很大的压力，而没有受到激励的人，必然深感没有面子而滋生事端。双方面都没有好处，对团体也将造成伤害。

激励的无效性，大家都深有同感，却始终难以改善。主要原因即在不能够合起来想，却分开来看。

中国社会讲求有好处大家分享，一方面推己及人，一方面则表示同甘共苦。既然要把自己与同人合起来想，当自己获得某些好处的时候，自然要拿出一部分来和大家分享，才是言行一致的具体表现。

大家都心中有数，没有得到好处，彼此都不计较，反正互相支持，应该是例行公事。一旦某人获得实际利益，大家就会想到：为什么做事情的时候，就要我帮忙？现在得到奖赏，却一个人独吞，这样公平吗？得到奖赏的人，当然可以默不作声，只是中国社会好像没有什么秘密可言，很快大家都会知道。若是真的独自收下，不拿出来分享，大家也不会怎样，却在表情、态度上有所变化。如果再请求别人支持、协助，恐怕冷言冷语加上冷面孔就很难避免。最好得到奖赏拿出来和大家分享，比较符合通过个人奖赏团体的原则，而皆大欢喜。

但是，分享的结果，固然效果良好，而接受奖赏的人，不免兴起"过路财神"的感叹，左手进、右手出，还要缴所得税，岂不令人气恼？受奖的人不感谢，因为并没有得到实质好处，这也是激励无效的一大原因。

暗盘的设置可能由此而起。明着奖赏五千元，让受赏人拿出来请客，完成通过个人激励团体的预期任务。但是，如果没有后续暗中支付的三千元，受赏的人就不会心生感谢而降低了激励的效果（如图3-6）。

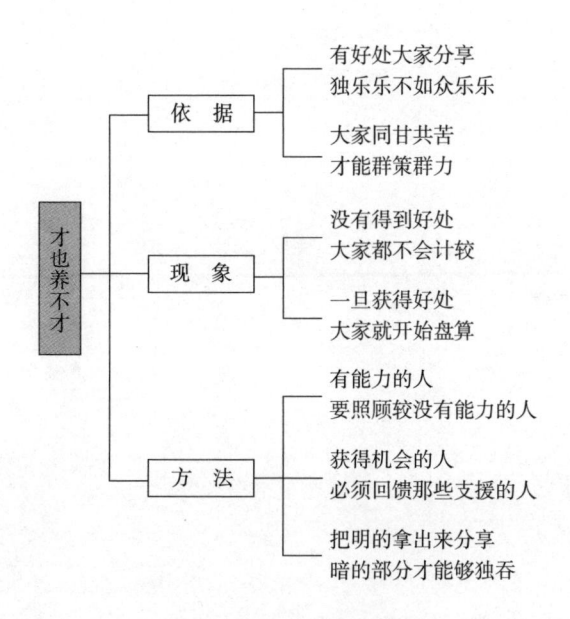

```
                    ┌─ 依 据 ─┬─ 有好处大家分享
                    │         │  独乐乐不如众乐乐
                    │         └─ 大家同甘共苦
                    │            才能群策群力
                    │
才也养不才 ─────────┼─ 现 象 ─┬─ 没有得到好处
                    │         │  大家都不会计较
                    │         └─ 一旦获得好处
                    │            大家就开始盘算
                    │
                    └─ 方 法 ─┬─ 有能力的人
                              │  要照顾较没有能力的人
                              ├─ 获得机会的人
                              │  必须回馈那些支援的人
                              └─ 把明的拿出来分享
                                 暗的部分才能够独吞
```

图3-6 通过个人激励团体

把明的和暗的合起来想，激励的效果才会增强。然而实际应用的时候，却应该分开来发，对此我们将在后面有更详细的说明。

本节小结

中国人既不偏重个人主义，也不偏重集体主义，而是两者兼顾并重，个人依赖集体，集体重视个人。所以，对中国人来说，最有效的激励方式，就是通过个人来激励团体。

第三章 中美日的激励文化

思考

1. 西方人为什么经常逐一计算而不合并考虑？

2. 你能接受日本激励团体而非个人的激励方式吗？为什么？

3. 中国人为什么喜欢通过激励个人来激励团体？

第四章
本事是激励的基础

没有本事的人，给予高度的激励，
士气很高昂，却不能达到预期的绩效。

有本事的人，未给予适当的激励，
士气会低落，有能力也不愿意表现出来。

有本事未激励，无法人尽其才；
没有本事加以激励，又增加了一种浪费。

激励的目的，不在士气高昂，而在达到目标。
大家反应出合理的行为，才是真正有效的激励。

合理激励有本事的人，才是真正的激励，
使有本事的人受到适当激励，做出合理的表现。

不可以激励没有本事的人，
只能通过有本事的人来激励他们。

| 第四章　本事是激励的基础 |

本事 × 激励 = 良好绩效

　　激励的目的，不在改变员工的个性，而在促使员工自我调适，产生合理的行为。员工自我调适的方向，如果朝向企业的目标，所产生的行为即属合理；若是朝向自己的个人目标，与企业的目标不相符合，甚至于互相矛盾或冲突，那就是不合理的偏差行为。

　　年龄愈大，个性愈难改变。强制某人改变行为，不如设法让他自行调适。一般而言，什么样的人就是什么样的人，我们很难改变他。我们所能做的，只是顺着他的个性，增加一些东西，使他自己改变行为。

　　所增加的东西，称为激励的诱因。每一个人的诱因都不

激励艺术

相同，必须个别了解之后，分别认清。把每一个人都当成独立的个体来看待，是管理者应有的正确心态。

由于激励的诱因不同，激励的方法也不相同，对甲有效的激励，对乙未必有效，而且时间改变，方法也要跟着有所调整。因此，对个别差异必须加以重视。

人的行为，主要来自观念。具有什么样的观念，就会产生什么样的行为。希望员工自我改变行为，最好的办法其实就是让他自己改变原有的观念（如图4-1）。

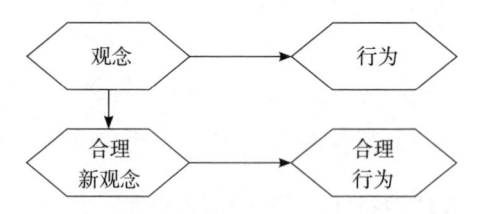

图4-1 激励的目的在产生合理行为

要改变一个人的观念，首先要让他感觉到改变的需要。管理者必须创造出若干情境，使某些员工觉得原有的观念并不值得保存，而愿意加以改变。然后主动认同组织中的某些观念，用来取代原有的观念而逐渐内化。经过一段不断强化的过程，新的观念便能够产生新的行为。组织中任何一个成员的行为改变，都将对其他成员甚至组织本身产生影响，因而促使整个气氛得到改变。

第四章　本事是激励的基础

员工要自行充实自己的实力，增强自己的本事。企业提供合适的工作机会，使具有实力的员工得以好好地表现。然而，有本事的员工，肯不肯表现，会不会好好地表现呢？这就牵涉激励的问题。

良好绩效是本事与激励的乘积（如图4–2）。

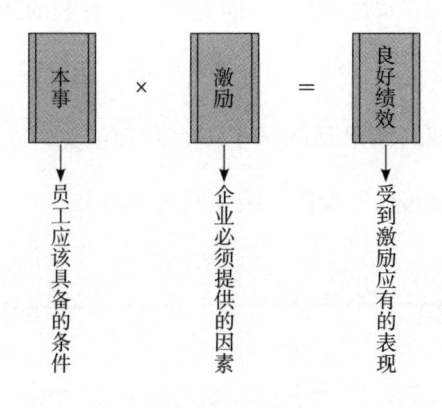

```
本事  ×  激励  =  良好绩效
 ↓        ↓        ↓
员工    企业    受到
应该    必须    激励
具备    提供    应有
的      的      的
条件    因素    表现
```

图4–2　本事乘以激励等于良好绩效

本事指员工应该具备的条件，亦即做人做事的本领。激励是企业在工作机会之外必须提供的某些因素，用以激发员工努力的意志。良好的绩效则是员工受到激励之后应有的表现。

员工具有做人做事的本领，并不一定愿意自动表现出来；就算愿意表现，也不一定朝向企业的目标。这种常见的情况，对管理者往往造成很大的困扰，成为领导上的莫大困难。

激励艺术

管理者可以把这种员工叫来，对他们大发雷霆，施以十分严厉的警戒。这在短时间内可能有效，促使生产力马上提高。然而，有些员工并不接受，引起企业气氛的恶化，于是离职、缺勤等不良现象大量增加。所以，这种所谓"火性"的管理，实际上不符合人性需求。

最好采用"水性管理"，即提供若干有利的激励因素，引导水流朝向既定的目标，而且源源不断，由此绩效才会良好。

火性管理的结果是同归于尽，必须避免；水性管理以诱导为宜，不阻塞也不抵挡，顺性而为才有效。

本节小结

激励的目的，在产生合理的行为，以增强工作能力，提高工作绩效。激励有本事的员工，可能达到预期的目标；激励没有本事的员工，反而有不良的后遗症，等于浪费。有了本事，再加以激励，能产生良好的绩效，对企业和员工来说，都是大有裨益的。

第四章 本事是激励的基础

有本事未激励不能人尽其才

员工的本事是否符合工作的需要，这是管理者在甄选员工时就应该明确辨识的。要从应聘者的专业、态度、喜好、人际技巧以及沟通能力，来判断其做人做事的本领。

现实中常见的情况是：新进员工都十分卖力，可惜一段时间过后，便逐渐降低努力的程度，然后保持不被开除的水准。原本希望新人新血液能带来新气象，不料新人被旧人同化，依然是旧习性。新力军不能产生新力量，反而助长旧人的气势，使得整个企业暮气沉沉。好不容易招聘而来的新员工，同样蒙受其害。企业和个人两败俱伤，毫无好处。

可见，对有本事的人，必须给予有效的激励，才能人尽其才。有本事未激励，是企业的损失，也会造成人才的浪费（如图 4-3）。

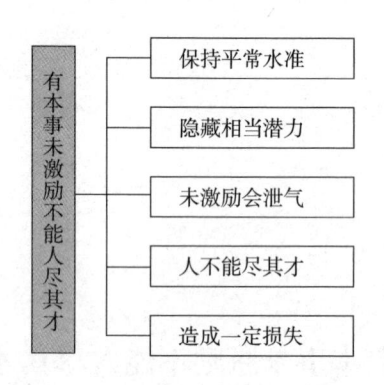

```
                ┌─ 保持平常水准
                │
                ├─ 隐藏相当潜力
有本事未激励     │
不能人尽其才 ───┼─ 未激励会泄气
                │
                ├─ 人不能尽其才
                │
                └─ 造成一定损失
```

图 4-3　有本事未激励不能人尽其才

但是，如果常常用同一方式来激励不同的人才，实际上收效并不大。管理者最好能够针对不同的需求，分别给予合适的激励，以提升生产力。

人尽其才，是人力资源管理的最高目标。每一个人的潜力固然有所不同，但是未尽全力，则显然是共同的现象。一般人只注意到识才、觅才、聘才、留才、用才，很少能够尽才。这种人力资源的浪费，必须善用合理有效的激励来加以避免。

当年诸葛亮不投奔曹操阵营，主要是理念不同；不为孙权所用，则是由于其认为孙权"能贤亮，不能尽亮"，宁愿留在家中，等待刘备三顾茅庐，然后鞠躬尽瘁死而后已，因此被传为千古美谈。可见，仅仅做到使人留下来是不够的，必须想办法使其自愿鞠躬尽瘁，才能够大幅度地提高生产力。

用错人和没有人用，哪一种情形比较可怕？没有人可用，造成人员的缺失，影响工作的进行，相当可怕；用错了人，把工作过程弄错，结果一团糟，甚至留下一大堆后遗症，更加可怕。

没有本事的人，不激励他，只是得过且过，大不了浪费一个人力；若是激励他，使其士气高昂，可能帮倒忙，或者愈帮愈忙，不但做不好分内事，连带影响到别人，为害甚大。有些人愈热心，大家愈害怕，就是因为他不动则已，一动起来破坏力就很大，所造成的恶果，令大家吃不消。

企业应该明确订立原则，对于没有本事的员工，不予激励。一方面可以促使员工自己提高警觉，随时注意充电；另一方面则让大家明白，未受到激励是一种合理的不公平，不必怨天尤人，应该反求诸己，以免造成企业的浪费（如图4-4）。

一般人不愿意承认自己没有本事，只知道埋怨上级不识人，缺乏知人之明；或者对上级有成见，认为其不把表现的机会提供出来；甚至认为上级太自私，偏爱自己人而排斥外人。所以，他们觉得十分委屈而不能够自我反省，失去改善

激励艺术

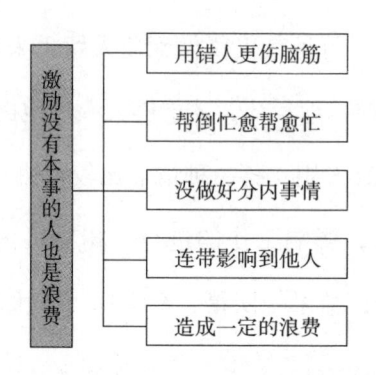

```
                ┌─ 用错人更伤脑筋
                │
                ├─ 帮倒忙愈帮愈忙
激励没有本事     │
的人也是浪费 ────┼─ 没做好分内事情
                │
                ├─ 连带影响到他人
                │
                └─ 造成一定的浪费
```

图 4-4　激励没有本事的人也是浪费

自己的警觉性，也不能够及时充电，以提升自己的实力。

企业规定各级管理者不得激励没有本事的人，其主要目的即在提醒员工：想一想，自己是不是属于这种不得激励的人。每当觉得不受重视、未受激励的时候，便应想起这种规定，提高自己的警觉，对自我反省具有相当的敦促力。事实上，人人反求诸己，设法把自己变成有本事的人，不但自己获益，企业也将获得很大好处。

本节小结

有本事的员工未得到激励，不能人尽其才；没有本事的员工得到激励，是一种浪费。在企业方面，要激励有本事的员工；在员工方面，要随时注意充电，使自己更加有本事。企业和员工双方共同努力，彼此才能够不断获得发展。

反求诸己就是使自己有本事

新进员工，经过甄选合格，证实并不呆。进入企业以后，如果不知进修，迟早会因停顿而落伍，变成呆人。企业成长必须兼顾员工个人的成长，因此员工由不呆而呆，企业负有相当的责任。但是，话说回来，员工对于自己切身的问题，最好也要自己重视，时常提醒自己"不进则退"，随时把握充电的机会，充实自己的知识与能力。企业和个人，双方面都重视呆人的问题，避免由不呆而变呆，应该是防止出现呆人的最佳保障。

企业对员工实施训练，应该依据员工的受训意愿，做适当的安排。凡是受训意愿较高的，优先给予受训的机会。可见，员工不能够体会和认知充电的重要性，企业就不会重视对他的训练，日积月累，终究成为呆人。

员工认识到充电的重要性，明白企业给不给机会，乃是基于自己是否有受训意愿或是否具有相当能力，自然就知道自己应该如何来密切配合（如图4-5）。

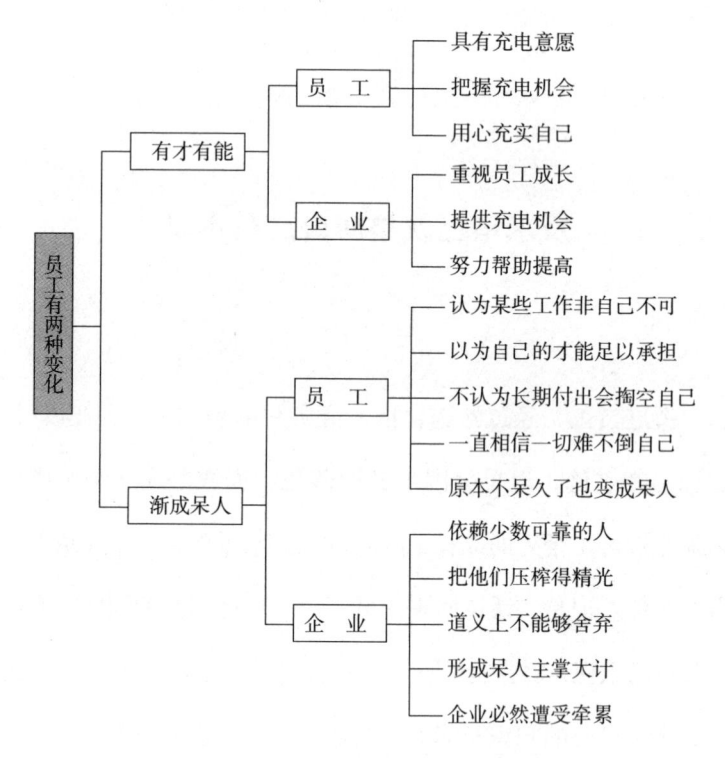

```
                          ┌─ 具有充电意愿
                  ┌─ 员 工 ┼─ 把握充电机会
                  │       └─ 用心充实自己
         ┌─ 有才有能 ┤
         │        │       ┌─ 重视员工成长
         │        └─ 企 业 ┼─ 提供充电机会
         │                └─ 努力帮助提高
员工有两种变化 ┤
         │               ┌─ 认为某些工作非自己不可
         │               ├─ 以为自己的才能足以承担
         │        ┌─ 员 工 ┼─ 不认为长期付出会掏空自己
         │        │       ├─ 一直相信一切难不倒自己
         │        │       └─ 原本不呆久了也变成呆人
         └─ 渐成呆人 ┤
                  │       ┌─ 依赖少数可靠的人
                  │       ├─ 把他们压榨得精光
                  └─ 企 业 ┼─ 道义上不能够舍弃
                          ├─ 形成呆人主掌大计
                          └─ 企业必然遭受牵累
```

图4-5　员工应该体认充电的重要性

当今社会快速变迁，各种资讯日新月异。终身教育，几乎是不可避免的趋势。人人都需要不断地学习，观念必须经常有所调整，这应该成为所有人的共识。

第四章　本事是激励的基础

特别是那些有本事、受到上级器重的人，所担负的责任很大，所付出的时间很多，对企业的贡献很大，可惜充电的机会却相对地减少。对这些没有时间再学习的人，企业应该加以特殊的照顾，建立强迫休假的制度，使其获得充电的机会，才不致使强人变成呆人，个人承受不了，企业也将受到连累。所有企业中的人，原本并不呆，只要小心翼翼，重视进修，当然不致变成呆人。

一个人要确保自己具有良好的形象，以便上级放心把机会交给自己，或者乐意激励自己，最好的办法便是"反求诸己"，时常反省自己："我的长处发挥了吗？我的短处改善了吗？"如果答案是否定的，最好赶快充实自己，提升自己的实力，至少也要达成自我激励的目的。常言道，人必自助而后人助之，本着求人不如求己的精神，对自己最有利。

人没有十全十美的，不必苛求自己零缺点。但是，每提升一个阶层，就应该为上一阶层的需要而要求自己，否则便应该安于现状，不再希望晋升，也不要怪上级不给自己更多的机会。不使自己到达无能级，弄得自己焦头烂额，心有余而力不足，可以减少很多苦恼，对自己、对团队都更为有益。

凡是不安于现状、希望更加进步的员工，必须自己设法了解上层的需求，使自己具有更大的本事，然后等待机会到来，得以好好地表现。反省时必须诚实，因为人很容易原谅自己，替自己寻找借口，结果蒙蔽了自己，使反省成为形式，就无法增强自己的本事。

大多数人都认为，自己不但具有反省的能力，而且几乎每天都在自省。然而，所表现出来的，仍旧是自以为是，并且一错再错。主要原因，即在徒有反省的形式，缺乏实质上的功能。要想切实反省，就必须抓住问题不放，一而再，再而三地提出疑问，务求追根究底，以期真正挖出问题的根源。唯有深入探究，从根本处着手，才能够解决问题。

很多时候，我们不存在有没有反省的问题，而是怎么反省、反省有没有实际效果的问题（如图4-6）。

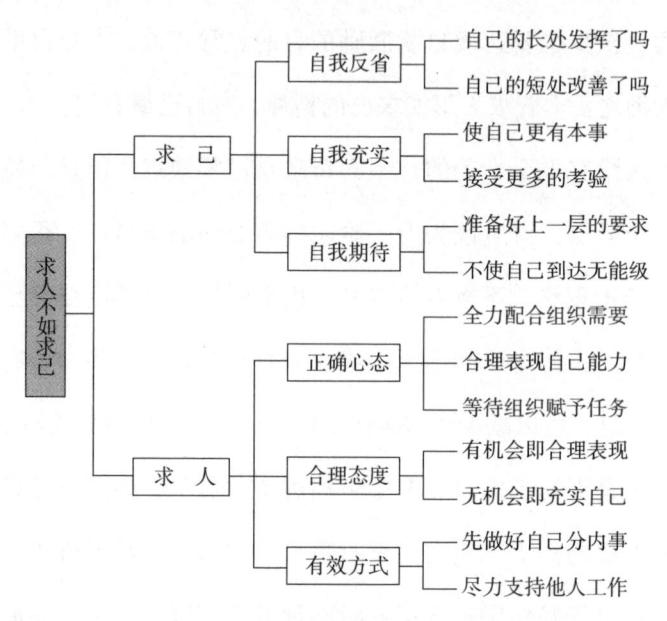

```
                   ┌─ 自我反省 ─┬─ 自己的长处发挥了吗
                   │            └─ 自己的短处改善了吗
            ┌─ 求己 ─┼─ 自我充实 ─┬─ 使自己更有本事
            │       │            └─ 接受更多的考验
            │       └─ 自我期待 ─┬─ 准备好上一层的要求
求人不如求己 ─┤                    └─ 不使自己到达无能级
            │       ┌─ 正确心态 ─┬─ 全力配合组织需要
            │       │            ├─ 合理表现自己能力
            │       │            └─ 等待组织赋予任务
            └─ 求人 ─┼─ 合理态度 ─┬─ 有机会即合理表现
                    │            └─ 无机会即充实自己
                    └─ 有效方式 ─┬─ 先做好自己分内事
                                 └─ 尽力支持他人工作
```

图4-6　反求诸己便是使自己有本事

本节小结

企业激励员工，员工要把握机会，加以珍惜，因而尽心尽力，把工作做好。企业未激励员工，员工也应该反求诸己，是不是自己因停滞而落伍，以致企业不再激励，并进而努力提升自我，等待机会，使企业愿意继续甚至加强激励自己。

🛜 思考

1. 你认为，水性管理和火性管理有什么不同？
　　_____
　　_____
　　_____

2. 为什么说有本事未激励不能人尽其才，而激励没有本事的人又是一种浪费？
　　_____
　　_____
　　_____

3. 你能做到常常反求诸己吗？如果能，你是怎样做的？
　　_____
　　_____
　　_____

第五章 本事的内涵

究竟什么叫作本事？
本事具有六种同等重要的内涵。

合理的态度，一切顾全大局；
自主的觉醒，凡事都能够自动自发。

人际的技巧，既会做事又能兼顾做人；
专业的技能，保证做好人又做好事。

自我的定位，站稳自己应有的立场；
合作的心理，在专业分工中朝向共同目标。

具备这六方面的素养到相当程度，
便是我们心目中有本事的人。

有本事的人，一定有能力。
有能力的人，并不一定有本事。

第五章　本事的内涵

合理的态度与自主的觉醒

　　本事的内涵，主要包括合理的态度、自主的觉醒、人际的技巧、专业的技能、自我的定位以及合作的心理等六方面。我们先谈谈合理的态度和自主的觉醒。

　　员工各有不同的需要，也都希望能够获得满足。但是，你有你的需要，我也有我的需要，彼此不免有些冲突，更可能引起争执。这时大家必须顾全大局，在圆满中分是非，才能够适当化解冲突，避免争执。否则各自坚持，毫不让步，天天生活在你是我非、我对你错的气氛中，怎么能够好好做事？

　　每一个人都应该养成合理的态度，认清自己的见解未必

激励艺术

全对，而他人的意见也未必皆错。凡事抱持"大家好商量"的心态，听听别人的说法，以集思广益（如图 5-1）。

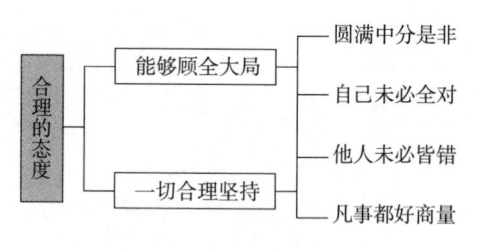

```
                    ┌─ 能够顾全大局 ─┬─ 圆满中分是非
                    │                ├─ 自己未必全对
合理的态度 ─────────┤                ├─ 他人未必皆错
                    └─ 一切合理坚持 ─┴─ 凡事都好商量
```

图 5-1　合理的态度

在圆满中分是非，并不是不分是非，也不是"官大学问就大"，一切依凭上级的是非；顾全大局，并不是只重和谐不重是非，也不是盲目相信上级的是非。每一个人都应该合理地坚持自己的意见，坚持的程度与自己的把握成正比，用结果来证明自己的判断，以维护自己的形象。

上级的指示不可以当面顶撞，惹得上级生气，甚至恼羞成怒，对自己十分不利。但是，这并不表示样样都要听上级的，一切依循上级的指示而毫不怀疑。因为盲目顺从的结果，把自己塑造成上级心目中的奴才，对自己也相当不利。最好把听话与不听话合在一起想，也就是站在"不要顺"的立场来"顺"。上级的指示，合理的部分当然要顺从；不合理的部分不能够服从，以免造成恶果，反而牵累上级。但是，无论如何不应该当面、立即反应出来。最好隔一些时候，再妥善加以反应，使上级明白我们并非为反对而反对，而是为了整体利益才提出意见，这样上级才比较有面子，容易接受。

自主觉醒的人，希望自作主张。他不会盲目顺从，也不喜欢他人把一切都安排得妥妥当当，要他一成不变地去遵行。换句话说，他喜欢自己去寻找答案，也对自己找到的答案负责，以肯定自我的价值。

自主的员工，必须养成"自己做好计划、自己切实执行、自己严格评估"的习惯。凡事能够自动自发，而且有做得好的实力，才是真正自主的人。

有些人自恃"名校出身、名师指导，而自己又是高徒"，因而自视甚高，不听指挥，一切全凭自主，弄得同事无法合作，以致孤立无援。可见，自己力求改善，且从他人的眼中找到真正的自己，乃是自主的先决条件。他人放心让我自主，我才能够自主，这也是自主觉醒的一部分。

人之所以成为万物之灵，主要在于人具有自由意志，拥有高度自主性。人的尊严与高贵，实际上就表现在这里。人如果不能自主，处处要听命于他人，受上级的制约，说起来并不是愉快的事情。但是，人要自主，必须先做好自律，也就是自己把自己管好。

自主的人，不喜欢被管。既然如此，就应该用心规范自己，约束自己的行为，把自己管好。唯有十分自律的人，才有资格不接受他人的管束。自己管好自己，才能够责问他人凭什么管自己。否则接受他人的管束，也是理所当然，不能够情绪化地加以抗拒。

愈能够自律的人，自主性愈高；不能够自律的人，盲目追求自主，势必引起大家的轻视与打压，反而更加不能自主。由自律而自主，还是要靠自己去努力（如图5-2）。

```
                    ┌─ 希望自作主张
                    ├─ 肯定自我价值
        自主的觉醒 ──┼─ 自己做好计划
                    ├─ 自己切实执行
                    ├─ 自己严格评估
                    └─ 自己力求改善
```

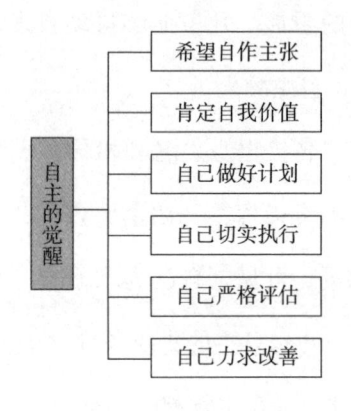

图 5-2　自主的觉醒

本节小结

一般来说，本事就是做人做事的本领。每一个人都应该养成合理的态度，凡事抱持"大家好商量"的心态，听听别

| 第五章　本事的内涵 |

人的说法，以集思广益。这是能够顾全大局的合理态度。

　　自主觉醒的人不会盲目顺从，也不喜欢别人把一切都安排得妥妥当当，而喜欢自己去寻找答案，也对自己找到的答案负责，以肯定自我的价值。

激励艺术

人际的技巧与专业的技能

与人相处,绝对不可圆滑。因为圆滑的人,一切推、拖、拉,最后不了了之,不是和稀泥,就是令人厌恶。与人相处,要对人和谐,力求圆通,在和谐中真正解决问题。

圆通的基础,即"将心比心"。凡事先想到别人的立场,肯定彼此都有相当的道理,然后互相尊重,找出合理的解决之道。合理不是折中,而是此时此地最适合的办法。

中国人深知祸从口出的道理,人际关系的好坏,多半和说话有密切的关系。我们又知道"先说先死"的厉害,因此大家都不愿意先开口,万不得已先说,也会说一些含含糊糊的话,让对方摸不清楚。其实,我们可以让对方先说,如果让不过，便应该好好地说，相信对方也会拿出诚意，彼此善意地沟通。

一般人最大的错误，在"圆滑"与"圆通"之间把握不住分寸，以致圆通不成，反为圆滑所害。

从现象上观察，圆滑和圆通，都离不开推、拖、拉。凡是极端痛恨推、拖、拉的人，固然可以避免圆滑，却也十分不幸，无法获得圆通的神妙。不懂得圆通的道理，势必吃尽苦头，于是为求自保，不得不走上圆滑的道路。多少人走上这条歧途，却一辈子弄不清楚，真是非常冤枉。

其实，圆滑和圆通，不过是动机有所差异。为了把事情做好而用心推、拖、拉，很可能是圆通；若是为了推卸责任或拖延时间而盲目推、拖、拉，必定是圆滑。圆通的结果，大多是把事情做好；圆滑的结果，大多是人人埋怨。

人际的技巧，在于圆通而绝不圆滑，才能够获得和谐的结果。就算不能人人满意，也能使大家勉强可以接受（如图5-3）。

专业的技能，当然也十分重要。员工受过相当的教育，修习专业的课程，而且接受必要的训练，可以说具备专业的技能。

对于新进员工，应该重视其学历，具有什么学历，就给

激励艺术

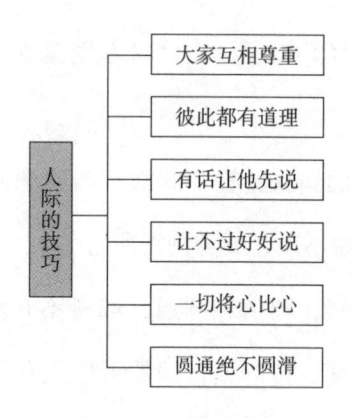

```
           ┌─ 大家互相尊重
           ├─ 彼此都有道理
           ├─ 有话让他先说
人际的技巧 ─┤
           ├─ 让不过好好说
           ├─ 一切将心比心
           └─ 圆通绝不圆滑
```

图 5-3　人际的技巧

予与之相称的职位。但是，进入企业以后，便不应该再重视学历。这时候应该重视他的实际表现，以表现的优良与否，来决定他的晋升或调整。员工刚来时，企业不了解他，只能依据他的学历来判断；进来之后已经有实际了解的机会，如果他的工作做不好，高学历也等于零。

　　善于吸取相关的经验，随时留意搜集有用的情报，并且具有接受挑战潜力的人，才是继续保持专业技能的可靠人才（如图 5-4）。最好还要加上乐意迎接挑战的意志，因为有能力不想表现，等于没有能力；有能力适当表现，即为有效的能力。受到欢迎，并且能够合理地把能力表现出来，便是我们所说的有本事。

　　专业的技能十分重要，可惜不能如意地解决问题。这是

| 第五章　本事的内涵 |

```
                ┌─ 受过相当的教育
                ├─ 修习专业的课程
                ├─ 接受必要的训练
专业的技能 ──────┤
                ├─ 具有相关的经验
                ├─ 搜集有用的情报
                └─ 接受挑战的潜力
```

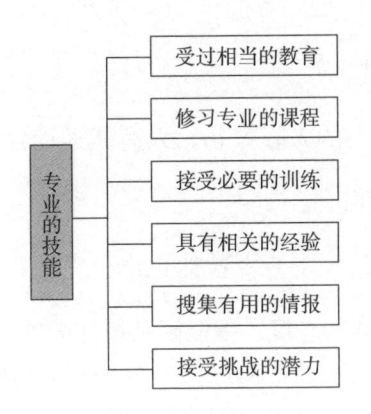

图 5-4　专业的技能

我们常听到的抱怨，甚至因此而把责任推到他人身上，认为人不好，才使得专业技能失去功效。这种观念，不但不正确，而且会阻碍具有专业技能的人士的长进。因为专业技能只有配合人际技巧，产生合理的态度，才能够获得充分的自主。能做事的人，如果不会做人，那么事情办不好，造成若干不必要的困扰，乃是意料中的事。

科技非常重要，但是科技不能解决所有的问题。人性的需求，往往与科技背道而驰。有本事的人，除了拥有科技技能，还需要对人性有比较深入的了解。合乎人性要求的科技技能，远比单纯的专业技能要有效得多。

激励艺术

本节小结

富于沟通力的人际技巧,只有圆通而绝不圆滑,才能够获得和谐的结果。

确保做好工作的专业技能也十分重要,如果能配合人际技巧,产生合理的态度,就能够获得充分的自主。

第五章　本事的内涵

自我的定位与合作的心理

任何组织，都必有其层级。员工自我定位，便是明白自己所处的地位，把自己的上下左右都看得清楚，知道如何做好配合。定位的工作，相当于找到自己立足的位置，在组织中定位，是与人合理配合的第一步。

一个人必须充分了解自己应尽的责任，然后有恪尽职守的决心，才能够说到做到，甚至先做后说，或者多做少说，真正用心把工作做好。有些人常抱怨没有人告诉他应该尽什么责任，我们倒要问问他："为什么不会去问？"特别是中国人，常常是"你不问，我不好意思说"。所以，有诚意的员工，自己会去探讨有关的规定和往例，而不是坐等别人告诉他。先看看自己的工作职责表，再仔细想想，最后一条"其他"指的是什么，还可以和其他同人商量，应该能知道自己到底应该做些什么。

恪尽自己的本分，容易陷入本位主义，必须心中有目标，而且愿意配合整体需求，才能够自动地调整自己的步伐，使自己在定位中具有灵活性，及时配合上下左右的动态。换句话说，先把自己的本分工作做好，却不能够因此而满足，还要随时腾出时间来，支持其他的同事（如图5-5）。

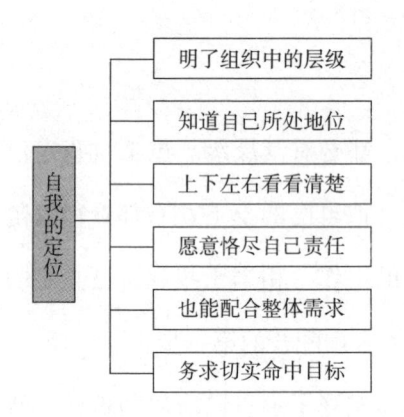

```
              ┌── 明了组织中的层级
              ├── 知道自己所处地位
   自我的定位 ──┼── 上下左右看看清楚
              ├── 愿意恪尽自己责任
              ├── 也能配合整体需求
              └── 务求切实命中目标
```

图5-5　自我的定位

事实上，升迁快速的人，大多具备两个主要条件：

第一，本分工作做得很好，让上级十分放心。

第二，有余力可以支援其他同事，表示自己仍然可以承担更多、更重要的任务，当然具有升迁的优势。

自我定位，却不能限制自己。定位清楚，别人才明白主从的关系。不能少做事情，使同事信服；尽力支持他人，使上级安心地升迁。有本事的人，必能两面兼顾并重。

有组织还要具有组织力，才能发挥整体的力量，亦即把各人的分力结合成为众人的合力。

大家首先都应该认清：分工乃是必要的"罪恶"。对人性化管理而言，分工实在是相当违反人性的措施，它使得工作单调乏味，人变成一个小螺丝，似乎没有什么价值。然而，不分工无法专精，也很难快速地完成。分工如果为了合作就有价值、有意义；分工若是不能合作，或者妨害合作，便有待心理上的调整。

员工知道分工的目的是在求密切合作，但还要有"最好从自己做起"的觉悟。唯有每一个人都愿意知行合一，自己走出合作的第一步，他人才愿意配合。彼此配合，就是合作的开始。具有愿意与人合作的心理，是良好本事的一环（如图5-6）。

很多组织空有组织的形式，拥有组织的名义，实际上却产生不出有效的组织力。换句话说，只能够把各成员的身体安排在不同的层级和职位上面，却始终无法把大家的心都紧密地拉在一起、绑在一起。

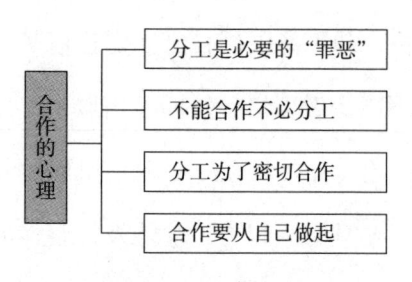

```
合作的心理
├── 分工是必要的"罪恶"
├── 不能合作不必分工
├── 分工为了密切合作
└── 合作要从自己做起
```

图 5-6　合作的心理

本位主义很重，不敢聘用有更高才能的人，或者成员都很有能力，却各有成见，整合不起来。这些情况，说起来就是缺乏组织力的症状。组织的目的，在结合众人的力量，并且放心地聘用能力高超的人。

各有所长，并能够充分合作，才能产生整体的合力。组织成员先要在心理上有所准备——为了合作而分工，凡事站在整体的立场来考虑，不能够只顾及自己却不能与人密切配合。不论有多么高超的能力，配合度仍然是大家期待的重点。

本节小结

了解自己在组织中的定位是与人合理配合的第一步。恪尽自己的职责，多做事情，让上级放心，让同事服气。

拥有愿意与人合作的心理，是与人合作的第一步，他人才愿意配合，彼此配合才能共同达成目标。

📡 思考

1. 你有顾全大局的心态与自主觉醒的意识吗？

2. 日常工作中，人际的技巧与专业的技能你是否都具备？

3. 你对自己的定位明确吗？你愿意与他人合作吗？

第六章
激励的两大因素

人类具有两种不同的需要，
彼此独立，而且影响行为的方式也不相同。

第一种需要，希望得到良好的工作环境，
主要功能，在防止产生不满意工作的情绪。

我们对工作不满意，往往导因于对工作环境不满。
赫茨伯格把它叫作保健因素，又名维持因素。

第二种需要，盼望得到激励。
主要功能，在经由适当激励做出良好的表现。

赫茨伯格把它称为激励因素。
因为只有工作本身，才是真正有效的激励。

工作环境只能防止不满，
工作本身的成就，才具有激励作用。

认清激励的两大因素

心理学家赫茨伯格（Frederick Herzberg）指出：使员工觉得满足的因素和觉得不满足的因素并不相同。前者大多属于内在的，如成就、被赏识、工作本身、责任、升迁或成长；后者大抵为外在的，如企业政策及行政、监督或管理、待遇、人际关系、工作环境以及安全措施等（如图6–1）。

当员工觉得工作满足时，他所列举的因素，多为内在的；当员工觉得工作不满足时，他所列举的因素，则多为外在的。赫氏认为：我们把造成不满足的因素去除时，员工未必就会觉得满足；相反地，我们提供满足的因素，员工也未必会觉得满足。

```
                          ┌─ 成就
                          ├─ 被赏识
              ┌─ 满足的因素 ├─ 工作本身
              │           ├─ 责任
              │           ├─ 升迁
激励的          │           └─ 成长
两大    ──────┤
因素          │           ┌─ 企业政策及行政
              │           ├─ 监督或管理
              │           ├─ 待遇
              └─ 不满足的因素├─ 人际关系
                          ├─ 工作环境
                          └─ 安全措施
```

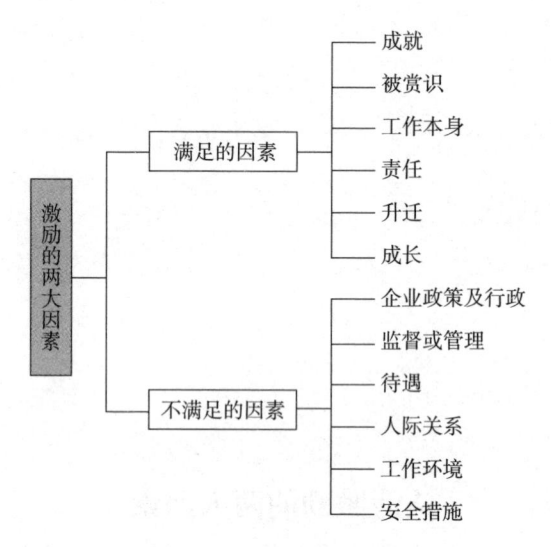

图 6-1　激励的两大因素

赫氏把内在的因素称为激励因素（Motivator factors），把外在的因素称为保健因素（Hygiene factors），又名维持因素（Maintenance factors）。

著名管理学者张金鉴先生指出：赫茨伯格这种双因素理论，虽然具有相当的价值，但仍有一些地方值得商榷。

第一，事实上，维持因素也具有激励作用，并非完全消极的防弊。第二，研究时所调查访问的对象，只限于工程师及会计师，而且人数也不过几百人，在抽样方面的代表性和广博性都显不足。何况这些受访的工程师、会计师的地位、智力水平、收入都已较高，低层级的需要多已满足，所以维持因素不具激励作用的结论，不一定适用于一般人。第三，

第六章 激励的两大因素

双因素理论，可以说是对事实的一种解释，不能算是发明或创造。人对自己的工作会感到满足、光荣和骄傲，对管理当局的政策和行政会感到不满，其实是显而易见的现象。

外在的保健或维持因素，只能消除员工的不满与怠工，不能激励员工发挥潜力或提高工作绩效。

从马斯洛的需求层次理论来看，人类有五种主要的需求，由低至高依次为生理的需求、安全的需求、归属与爱的需求、尊重的需求，以及自我实现的需求。生理、安全、归属与爱以及基本的尊重，都属于维持因素，如果获得满足，对员工而言，并不能引起满足的感觉，一般来说，只是没有不满足的感觉而已。

因为没有满足的感觉，所以不能产生激励作用。但是，一旦不满足，就会明显地感觉出来。这种不满足的感觉，可能导致不满，甚至引起怠工，不自觉地降低工作意愿，因而降低生产力或工作绩效（如图6-2）。

生理的需求，如食、衣、住、行等，主要在维持生命。安全的需求，产生于生命得以维持，也就是生理需求满足之后，主要求不受外来侵害，并免于意外灾难。获得安全保障之后，又兴起社会的需求，进而希望得到他人的接受、承认、友谊和社交。社会需求满足后，自然要求他人的尊重与敬仰，

激励艺术

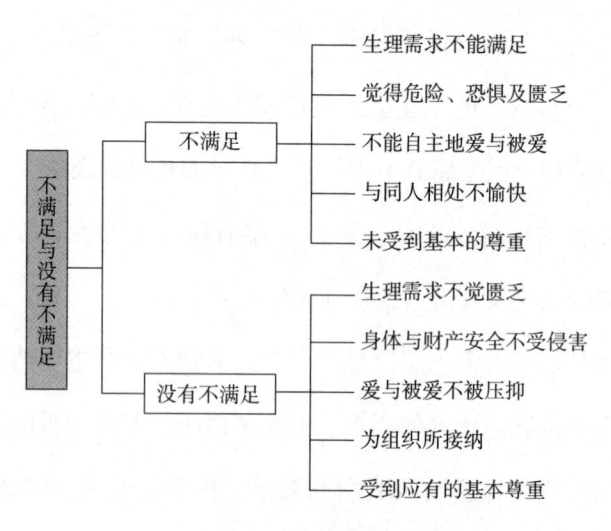

```
                    ┌─ 生理需求不能满足
                    ├─ 觉得危险、恐惧及匮乏
            ┌─ 不满足 ─┼─ 不能自主地爱与被爱
            │        ├─ 与同人相处不愉快
不满足与      │        └─ 未受到基本的尊重
没有不满足 ─┤
            │        ┌─ 生理需求不觉匮乏
            │        ├─ 身体与财产安全不受侵害
            └─没有不满足┼─ 爱与被爱不被压抑
                     ├─ 为组织所接纳
                     └─ 受到应有的基本尊重
```

图 6-2　不满足的反面是没有不满足

形成尊重的需求，表现在力争上游、出人头地，以期获得名利和权位，来提升自己的地位和声誉。这些比较偏重维持因素的需求满足后，便再高一层，形成自我成就的需求，经由工作所获得的成就，以实现自我，造就立功、立德、立言等不朽的贡献。马斯洛的需求层次理论，固然未经实证，似乎也难以实证，却获得很多人的认同，可见有独到的见地。

📡 本节小结

赫茨伯格的双因素理论，使我们明白保健因素只能维持，不能产生激励的作用。对于应该维持的措施，组织当然要尽力做好，以奠定激励的基础，使成员不致产生不满的情绪，从而阻止弊害的发生，至少维持可以工作的情境。但是维持因素只有"不满足"和"没有不满足"，不能产生"满足"的感觉，所以常常成为指责的对象，而不是感到激励的对象。我们对员工的这种反应，最好给予谅解。

激励艺术

外在的维持因素主要在保健

外在的维持因素有很多,具体的内容如图 6-3 所示:

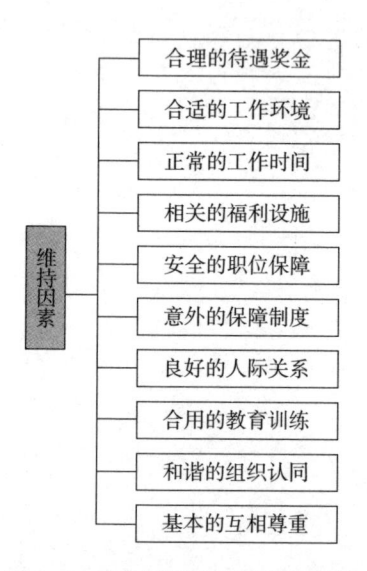

```
                ┌─ 合理的待遇奖金
                ├─ 合适的工作环境
                ├─ 正常的工作时间
                ├─ 相关的福利设施
    维持因素 ────┼─ 安全的职位保障
                ├─ 意外的保障制度
                ├─ 良好的人际关系
                ├─ 合用的教育训练
                ├─ 和谐的组织认同
                └─ 基本的互相尊重
```

图 6-3 维持因素主要功能在保健

| 第六章 激励的两大因素 |

第一，生理的需求方面：待遇、奖金必须合理，使员工觉得没有受亏待；工作环境要合适，无论采光、通风、交通以及有关布置，都应该注意调整；工作时间要正常，中间有合理的休息；相关的福利设施要齐全，包括身体的保健、休闲与娱乐。

第二，安全的需求方面：职位有保障、意外有保险、退休金也要有着落。

第三，归属与爱的需求方面：与同人相处愉快，觉得人际关系良好；合用的教育训练；和谐的组织认同。

第四，尊重的需求方面：获得基本的互相尊重，相信只要我尊重同人，同人也一定会尊重我。

以上所列举的项目，如果合在一起，相当于我们常说的"安人"。人得其安，表示维持因素十分齐全。

员工当中有一些"求职业者"（Employment Seekers），以养家糊口为目标，比较重视安定的工作和安全的保障；然而有一些"求工作者"（Job Seekers）却并非如此，他们的需求不在求得某项职务，而在确定某种任务。他们期望组织能够认定他们的重要性，甚至于不可替代性。管理者最好把这两种不同的心态，做好相当程度的厘清，因应不同的需求，做出不一样的反应。

同样的维持因素，在这两种不同心态的员工心目中，具有不一样的需求。管理者把握求职业者比较重视前两种因素，而求工作者往往更为重视后两种因素的原则，分别做出合理的调整，应该能够更为安人。

内在的激励因素，如果得到满足，会激励员工发挥潜力或提高工作绩效。从马斯洛的需求层次理论来看，个人荣辱受尊重的需求，以及自我实现的需求，就属于激励因素。员工在生理、安全、归属与爱、基本尊重等需求没有不满足的感觉之后，如果其地位或名誉被认定或被尊敬，便能够追求更高层级的自我实现，因而希望充分发挥自己的潜力，做出一些令自己觉得有意义、有价值的事情，亦即产生激励的作用。若是生理、安全、归属与爱、基本尊重等需求，仍然有不满足的感觉，那么激励的作用就可能产生不出来。

满足的反面是没有满足，员工不能受人尊重，觉得他人不重视自己的荣辱，他就不会追求自我理想的实现，不能够自动自发地发挥自己的潜力，这时他会觉得没有满足，因此产生不出激励的功效（如图6-4）。

张金鉴先生指出：马氏的需要层级，并非固定的硬性结构。各层级之间，并没有明显的界限，彼此常互相重叠。当

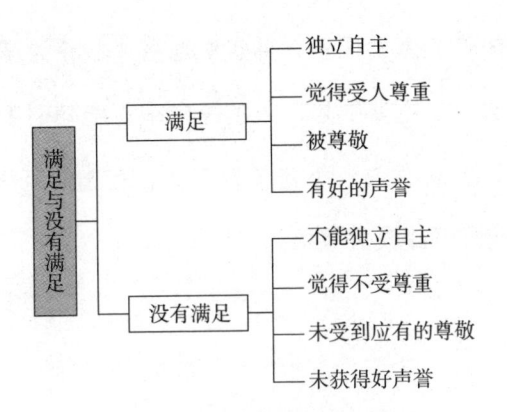

```
                    ┌─ 独立自主
              ┌─满足─┼─ 觉得受人尊重
              │     ├─ 被尊敬
满足与         │     └─ 有好的声誉
没有满足─┤
              │       ┌─ 不能独立自主
              └─没有满足─┼─ 觉得不受尊重
                      ├─ 未受到应有的尊敬
                      └─ 未获得好声誉
```

图 6-4　满足的反面是没有满足

某一需求的强度逐渐降低，另一需求的强度便因而升高。马氏所列的顺序，实际上也不是人人如此。有些人始终维持在低层级的生理与安全需求，便心满意足；有些人则是自尊心、成就感远大于生活与安全，终于成为杀身成仁、舍生取义的仁人志士。不同的人，所表现的行为可能相同，但所要满足的需求则不一定相同。管理者最好详加分辨，以资因应。能够把一般需求和个别需求做一番了解和分析，并据以设立具有吸引力的目标，应该是合乎目标管理的有效激励。

本节小结

只有激励因素才能产生"满足"的感觉，员工在这一方面若是觉得"没有不满足"，他就需要合适的激励。我们可以

激励艺术

通过各种内在的激励因素，并且配合各人的个别差异，来施以合理的激励。重要的是，人的需求很可能随时变动，必须提高警觉，力求有效。不应该对某人固定施以不变的激励，以防止久用降低或失去效果。

维持因素与内在的激励因素要互补

内在的激励因素主要包括的内容如图 6-5 所示:

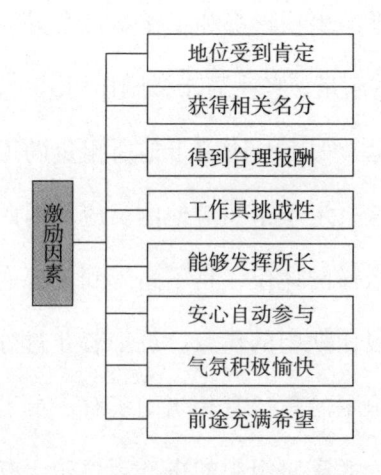

激励因素:
- 地位受到肯定
- 获得相关名分
- 得到合理报酬
- 工作具挑战性
- 能够发挥所长
- 安心自动参与
- 气氛积极愉快
- 前途充满希望

图 6-5　内在激励因素要重个别差异

激励艺术

第一，员工在组织内的地位应该受到尊重，而在组织外所获得的荣誉，也应该给予肯定，以提高其荣誉感。

第二，衡量员工的名分，给予合理的报酬。即在待遇之外，适当予以表彰或奖赏。

第三，工作具有挑战性，让员工得以发挥自己的长处，有为所应为的满足感。

第四，能够安心地自动参与。不必担心参与之后，会受到冷落或排斥。相反地，有充分信心，认为自动参与可能受到大家的欢迎。

第五，气氛融洽，充满积极而愉快的精神，觉得前途十分光明，因而乐于追求自我理想的实现。

以上所列举的事项，都和工作本身有关，能够促使员工获得某种程度的满足，产生若干激励作用。

员工的命运，大部分决定于他所担负的工作。而工作表现的好坏，则常决定于组织对他的反应。因此，自己究竟在组织中占有什么样的地位、是不是受到大家的肯定等，通常成为员工最为殷切期望的焦点。员工若非过分愚昧无知，必然对自身在组织中的角色有相当的了解。员工和组织的关系既然如此密切，大家对组织的事务当然乐于参与，但是，大家也关心参与的结果会不会造成个人的不安。因此，各级管理者都应该塑造一种令人安心参与的气氛，使大家充满信心，在组织中与同人进行交心、绑心、连心的相关活动。

外在的维持因素，有如喷洒农药，只能防止病虫害的侵袭，使农作物获得保健，并不能促使农作物成长。寄望于维持因素，不可能产生激励作用。但是，没有这些维持因素，也将丧失保健的功能，难免产生弊害，引起员工的不满。

内在的激励因素，好比施肥，如果选用合适的肥料，的确可以帮助农作物获得成长。施肥不能防止病虫害的侵袭，却能够促使农作物成长，也就是获得激励的成果。

这两种因素看似彼此独立而互不干扰，其实不然。外在的因素过强，有时会影响到内在因素的力量。例如，甲原本十分喜欢做某事，当他做好以后，受到外在的奖励，甲反而怀疑自己做某事乃是为了获得奖赏，不太像自己喜欢做的。下一次如果没有外在的奖励，而自己仍然乐意去做某事，他会觉得自己原来还是十分喜欢。这种内在的激励，带给他更多的喜悦。可见，维持与激励因素是此消彼长、互相影响的（如图6-6）。

激励的主要目的，应该是促使员工自动自发，十分喜悦地把工作做好。若是激励的结果反而使得员工原本喜欢做事的主动心态转变为期待激励，然后才去做事的被动态度，岂

激励艺术

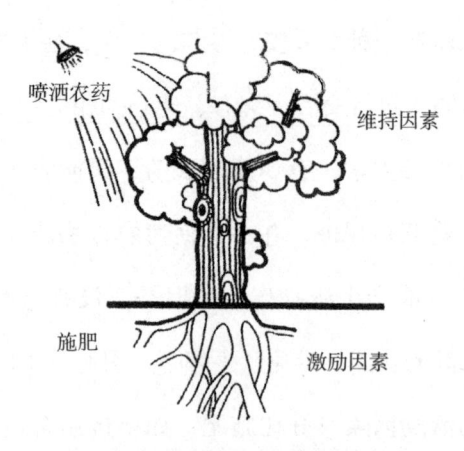

图6-6 激励的两大因素要互补

非适得其反，有害而无利？

由此可见，做好本分工作，应该是天经地义的事情，否则就是不胜任。对于不胜任的人，不把他改造成胜任，或者干脆换人，却讲求无效的激励，根本就不是合理的措施；胜任的人，为求其好还要更好，这时候施以激励，才是合理的做法。

本节小结

维持因素应该普遍实施，使组织成员都受到相当的照顾。激励因素则视个别差异而适时调整，因为我们只激励有本事的人，而且愈有本事愈应该给予特别的激励，以符合"有本事就来拿"的基本激励精神。

🎧 思考

1. 你对激励的两大因素有何看法?

   _____
   _____
   _____

2. 为什么满足的反面是没有满足,而不是不满足?

   _____
   _____
   _____

3. 你认为激励的两大因素需要互补的原因何在?

   _____
   _____

第七章
激励的维持因素

维持的意思是：只能防止，并不能增加。
它不会使生产力成长，主要是预防怠工的情况。

缺乏维持因素到某一程度，
大家对工作就会感到不满足而引起不愉快。

维持因素，不能产生对工作的满足感，
因为它毕竟无法激发出积极的激励作用。

赫茨伯格把维持因素叫作保健因素，
乃是援引医学名词，强调预防的意义。

维持因素包括企业政策与管理是否安人，
然而最主要的，则是工作环境的适意与否。

安人的政策与良好的工作环境，
可以防止员工产生不满，减少弊害。

第七章　激励的维持因素

安人是激励的维持因素

　　安是人生的根本要求，中国人一个"安"字，代表多少安慰与欣喜。孔子希望我们用"患不安"来消减员工的不安，因为"安"乃是激励的维持因素。然而，员工不可能完全达到安的地步，不安只能消减，无法消灭。因为安随时可以变成不安，必须注意机动调整，以求因时、因地、因人、因事而制宜。

　　员工的安，主要建立在同人与环境这两大因素上。而人境互动，因此产生愉快的工作环境、可以胜任的工作、适当的关怀与认同、同人之间融洽与合作、合理薪资制度与升迁机会、良好的福利、安全的保障、可靠的退休制度以及合乎人性的管理等需求。

安则留，不安则去，乃是合理的反应。员工安的程度不同，认为大安、久安、实安、众安的才会安心地留下来；认为小安、暂安、虚安、寡安的，虽然留着，心中仍有不安，必须设法予以消减（如图7–1）。

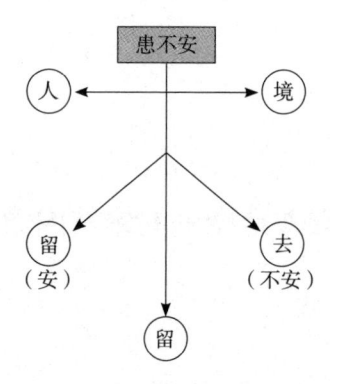

图 7–1　安人是激励的维持因素

大安和小安、久安和暂安、实安和虚安、众安和寡安，最好不要分开来想。认为大安、久安、实安和众安才是良好而值得追求的；小安、暂安、虚安和寡安不过是不好而且不值得期待的，那就过分理想而难以达成。

因为由小安而大安、由暂安而久安、由虚安求实安、集寡安为众安，比较实际可行，所以，合起来看才不致落空。要紧的是，不能够排斥小安、暂安、虚安和寡安，却一定不能以此为已足，必须更进一步，努力求取大安、久安、实安和众安。发扬"不停滞"的精神，一路追求下去，才能消减不安而渐趋于安。

安的反面是不安。企业不能做到"有本事就来拿",过分相信甄试及测验,以致不知如何识才、觅才、聘才、礼才、留才、尽才,员工就会不安。家族式经营并非不好,但是如果不敢相信外人,不能容才、用才,从而构成员工"留也不是,去也不好"的不安。管理者不了解真正适合中国民族性的领导、沟通、激励方法,不能人尽其才,也会引起员工的不安。

当然,企业的经营方针不明确、缺乏技术开发能力、劳务政策不能因应时代的潮流或者不能重视整体发展,都是员工不安的诱因。

不安的象征,最具体的,莫过于高阶不放心、中坚不称心、基层不热心。必须设法做到高阶放心、中坚称心、基层也热心,才是真正安人的表现(如图7-2)。

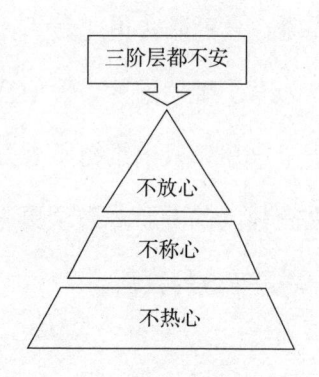

图7-2 组织三阶层都不安

激励艺术

基层员工原本十分热心，由于工作环境不满意、工作气氛不良好，往往愈来愈不热心，保留不被开除的工作水准，能混即混。高阶主管看在眼里，当然不放心，就算勉强放心，也会放不下心，整天提心吊胆，不敢掉以轻心。处在这种状况中的中坚干部，当然不可能称心如意。要想改变这种恶劣的情境，必须由中坚干部做起，时时用心承上启下，圆满达成任务。以关心的态度来激发基层员工的热心，用高绩效、高士气来促使高阶主管放心。否则一天到晚埋怨上面不放心，责怪下面不热心，并不能改变恶劣的情况，连带自己也称心不起来。使下属热心、使上级放心，是中坚干部的主要职责，也是使自己早日能够称心如意的唯一途径。

本节小结

激励的维持因素，只能防止员工怠工，不能激发其发挥潜力。领导不可以为有了维持因素，便期待员工自动自发把工作做好。员工一心一意，只求维持不被开除的水准，对组织的生存发展实在有很大的威胁。必须更进一步，使其在安定中不断求上进，才是有效的激励。

| 第七章 激励的维持因素 |

四种常见的员工形态

一般而言，大致有四种常见的员工形态（如图 7-3）：

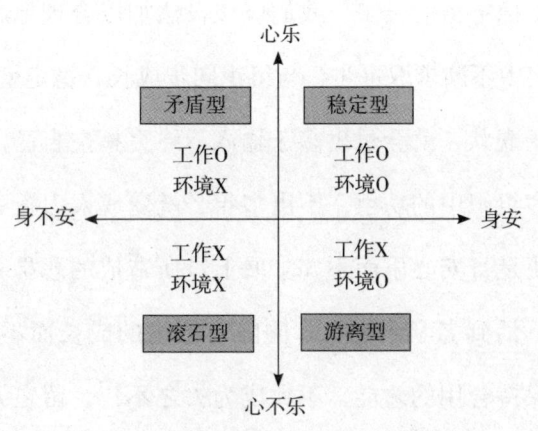

```
              心乐
               ↑
    ┌─────┐    │    ┌─────┐
    │矛盾型│    │    │稳定型│
    └─────┘    │    └─────┘
     工作O    │     工作O
     环境X    │     环境O
              │
 身不安 ←─────┼─────→ 身安
              │
     工作X    │     工作X
     环境X    │     环境O
    ┌─────┐    │    ┌─────┐
    │滚石型│    │    │游离型│
    └─────┘    │    └─────┘
               ↓
              心不乐
```

注："O"表示满意，"X"表示不满意。

图 7-3 四种常见的员工形态

激励艺术

第一，稳定型。认为工作胜任愉快，而工作环境也相当良好，自然身安心乐，称为稳定型。因为这一形态的员工，多半会稳定下来，不容易见异思迁。

第二，矛盾型。认为工作胜任愉快，而工作环境则有很多不如意的地方，去留之间相当矛盾，时常犹豫不决。

第三，游离型。认为工作环境相当良好，不过工作则不能胜任。遇到有更合适的工作机会，就可能离职他去，所以称为游离型。

第四，滚石型。工作不胜任愉快，对工作环境也有诸多不满。在这种情况下，实在很难安心工作，以致骑驴找马，一有机会便准备跳槽。

对于稳定型的员工，我们应该设法加以合理地激励，使其在安定中不断求取进步，与组织同步成长。稳定型的员工，如果安于现状，就会付出多于输入，终究掏空自己，成为呆人。许多组织中的功臣，不出多年，就变成人力资源的重大包袱，便是身安心乐而不知求取上进所造成的恶果。必须终身学习，活到老学到老，才能随着组织的成长而不断上进，使自己保持合用的才能，不致成为去之不仁、留之无益的过气老臣。

把稳定与不稳定合起来想，构成动态中的稳定状态，对组织和个人都最为有利。身安心乐之际，仍然应该保持高度的忧患意识。换句话说，能够居安思危，才能不断吸收新知识，加强自己的实力。不论内外环境怎样变动，都能够有把握地随遇而安。

矛盾型的员工，觉得工作相当理想，舍掉十分可惜。但是，在工作环境方面则有许多不安。例如，照明不佳、通风不良、交通不便、噪声太大、空间太小以及用餐不方便、安全不放心等，使员工觉得内心非常矛盾："走，可惜；留，难过。"

这时候我们应该把员工的不安区分成为个人的或集体的两大类：个人的个别解决，集体的则由企业统一予以改善。否则置之不理，小小的不安可能会累积成大大的不安；而个人的不安，也可能汇集成大众的不安。

消减工作环境方面的不安，可以按"马上能做的，立刻解决；过一段时间能改善的，宣布时间表；暂时不可能的，诚恳说明困难所在"的原则，逐一改善或说明。只要员工觉得合理，自然会消减不安的感觉，改变形态，从矛盾型转为稳定型，因而安心工作（如图7-4）。

马上能够解决的问题，若是拖拖拉拉不去解决，大家就会觉得管理者不重视或者没有诚意，而心生反感。问题如果

激励艺术

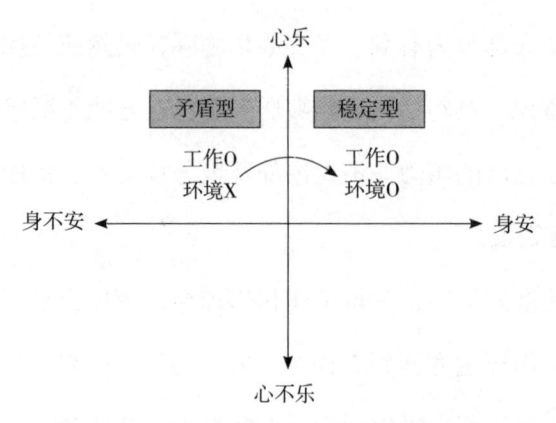

```
           心乐
            |
  ┌─────┐   |   ┌─────┐
  │矛盾型│   |   │稳定型│
  └─────┘   |   └─────┘
    工作O   |    工作O
    环境X   ↶   环境O
            |
身不安 ←────┼────→ 身安
            |
            |
           心不乐
```

注："O"表示满意，"X"表示不满意。

图7-4 改善工作环境消减矛盾

愈早解决愈好，为什么不马上加以处理？快速动手，一方面表示重视，一方面也表达诚意，何乐不为？

不能够立即解决，或者仓促处理很可能产生不良的后遗症，这时候不妨采取预告式或安慰式的处置方式，把可能解决的时间预先宣示，使大家耐心等待；或者把不能解决的原因详加说明，使大家换一个角度，试图从其他的途径来思考，不致引起众人的怨责。

盲目地推、拖、拉，是一种圆滑的态度，大家都不喜欢；有诚意地合理推、拖、拉，才是圆通的艺术。

本节小结

一般而言，大致有四种常见的员工形态，即稳定型、矛盾型、游离型和滚石型。矛盾型的员工觉得工作相当理想，但在工作环境方面则有许多不安。所以，我们要努力消除他们在工作环境方面的不安，使他们从矛盾型转为稳定型，从而安心工作。

激励艺术

适当调派工作或劝导另谋高就

游离型的员工，认为工作环境相当理想，可惜工作很难胜任，当然谈不上愉快。

工作的胜任与否，会直接影响员工的工作绩效及工作满足感。员工的个别差异，正是领导指派工作时必须考虑的因素，员工的特质如果配合工作的特性就最好不过了。

例如，成长需求较高的员工，给予比较复杂的工作；而成长需求较低的员工，则不妨调派比较简单的重复性或标准化的工作。

实施在职训练，乃是促使员工由不胜任到胜任的一种方法。定期或不定期的工作轮换，则是增加员工工作变化性的有效方式。变化性加大，可以降低对工作的厌倦程度，是工作的横向扩大。工作丰富化在垂直方向有所延伸，可以增加员工的自主责任，使其获得更为完整的满足。工作改善，自然减少员工的游离感，促使其趋向稳定型（如图7-5）。

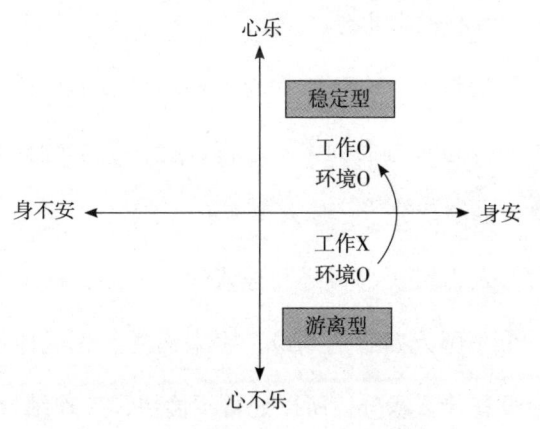

```
                   心乐
                    ↑
              ┌─────────┐
              │ 稳定型  │
              └─────────┘
                  工作O
                  环境O
                    ↑
身不安 ←────────────┼────────────→ 身安
                    
                  工作X
                  环境O
              ┌─────────┐
              │ 游离型  │
              └─────────┘
                    ↓
                   心不乐
```

注："O"表示满意，"X"表示不满意。

图7-5　适当调派工作减少游离

我们考察一位领导有没有本事，第一项就是看他分配工作的能耐有多大。一般而言，十件工作当中，下属有六件以上做得不好，只有四件以下工作还差强人意，我们就会认为，他的领导对他实在不够了解。如果不是故意整人，便是缺乏知人之明，不能够适才适用。

当然，十件工作当中，下属有六件以上做得很好，只有四件以下处理得不够理想，我们会认为这位下属并未尽心尽力,才有此疏漏,对领导指派工作的能力,不致产生怀疑。对这样的下属,领导应该施以在职训练,设计各种不同的情境来磨炼下属,使其在工作中持续成长,保持可用、有用的最佳状态。游离型的员工,若能遇上这样的领导,应该可以安定下来,专心做事才对。

滚石型的员工,由于工作与工作环境俱不合适,因而身不安心不乐。这种心态如果不予以改变,员工就会变成不做事、光捣蛋的滋扰分子,令人头疼不已。

此时,人力资源部最好和他谈谈,不必直截了当地指责他,用一个中国人熟悉的"缘"字来沟通。先说他似乎和现在的领导没有什么缘分,所以处得不愉快,工作绩效也不高。然后让他挑选认为比较有缘的领导,如果愿意接受,便调部门试试;若是不愿意接受,也让他明白,并不是大家都欢迎他。调职之后有所改变,等于救活一个人;没有改变,则问问他的感想。自愿离职最好,如不自愿离职,再由比较亲近的同事劝导他;不听,和他家人谈谈;再不接受,人力资源部可以正面劝导其离职(如图7–6)。

我们虽然主张情同手足,一家人必须和谐相处,彼此相安。但是,我们也认为有必要时,要不得已壮士断腕。因为长痛不如短痛,不应该拖拖拉拉,让这些滋扰分子毫无顾忌

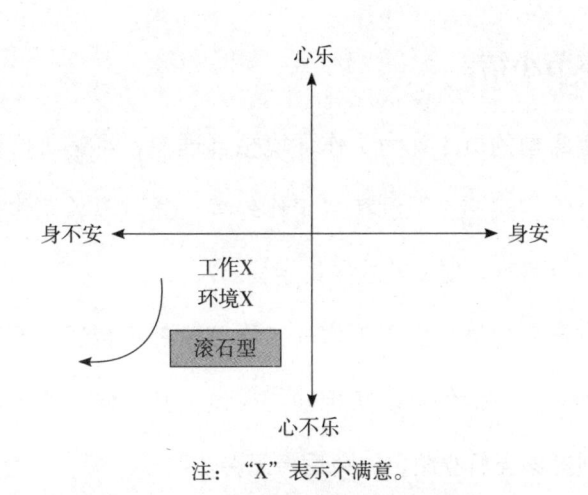

```
           心乐
            ↑
身不安 ←————|————→ 身安
      工作X |
      环境X |
      ↰ ┌─────┐
        │ 滚石型 │
        └─────┘
            |
           心不乐
```

注："X"表示不满意。

图 7-6 实在不安劝导另谋高就

地不做事、光捣蛋。

由领导直接处理此类问题，有时候很难启齿，也不容易下手。毕竟同一个组织，家丑不宜外扬。说起来领导也有一些责任，怎么把人带成这个样子？由人事主管从旁处理，反而比较客观，也比较好开口。不是领导的错，也不是下属的错，主要在双方的缘分不足，听起来大家都有面子。如果和这位领导不投缘、和那位领导也不投缘，大家心知肚明，这位下属一定有问题，他自己也不好意思再留下来，让其自动离职，当然是上策。否则由亲近的同事劝他、由家人劝他，仁至义尽，就可以辞掉他。

本节小结

游离型的员工认为工作环境相当理想，可惜工作很难胜任。对他们实施在职训练或工作轮换，通过改善工作，减少他们的游离感，促使其趋向稳定型。

滚石型的员工由于工作与工作环境都不合适，因而身不安心不乐。对他们可以实施劝导或调换其工作，如果还是不安，则应该当机立断，以免后患无穷。

第七章　激励的维持因素

🛜 思考

1. 你对激励的两大因素有何看法？

   _____

   _____

   _____

2. 你认为应该如何改善工作环境以消减矛盾？

   _____

   _____

   _____

3. 对游离型的员工与滚石型的员工你是如何处理的？

   _____

   _____

   _____

第八章
激励的激励因素

人们对工作不觉得满意，
主要是基于对工作环境的不满。

如果对工作表示满意，
则是满意于工作本身。

具有挑战性的工作、较大的责任，
这些才是真正的激励因素。

它不但对工作满足有积极的影响力，
而且会有效地提高生产力。

维持因素必须加上激励因素，
才能够收到激励的效果。

激励因素要与维持因素相配合，
才有可能达到有效激励的目的。

第八章　激励的激励因素

安人之外需要增强物

　　严格说起来，安人是管理的最终目的。安人之外别无他物，我们这里所说安人之外的增强物，乃是为方便而说的，意指制度以外的一些措施。

　　制度很重要，但是制度以外的事项影响也相当重大。例如，制度不可能规定领导必须关怀下属、给予及时的辅导、认可并赞扬下属良好的绩效等，但是这些制度没有规定的事项，对下属往往具有很大的激励作用。

　　总之，希望下属把工作做好，首先就要解决他的问题。下属的问题，来自他的欲望，而欲望是不断增长的，因此领导替下属解决问题，也是水涨船高，好像永远没有终了。安

激励艺术

人是普遍性的，安人之外的增强物，则属于比较特殊性的，需要个别解决才会产生不同的激励（如图8-1）。

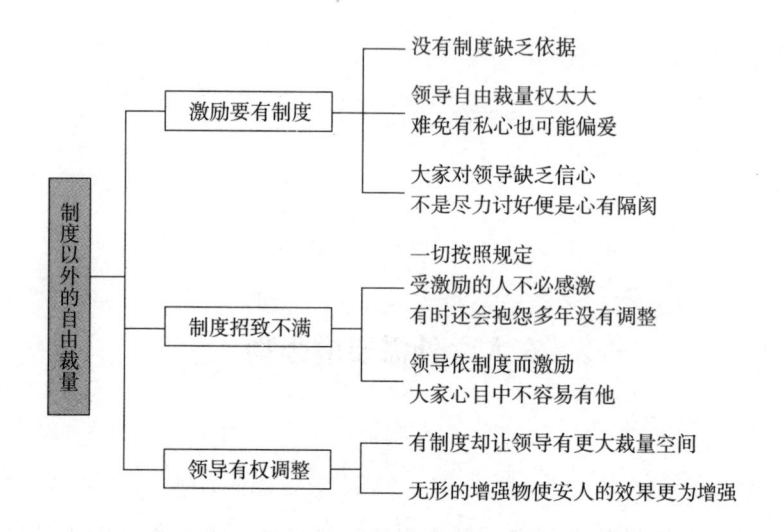

```
制度以外的自由裁量
├─ 激励要有制度
│   ├─ 没有制度缺乏依据
│   ├─ 领导自由裁量权太大
│   │   难免有私心也可能偏爱
│   └─ 大家对领导缺乏信心
│       不是尽力讨好便是心有隔阂
├─ 制度招致不满
│   ├─ 一切按照规定
│   │   受激励的人不必感激
│   │   有时还会抱怨多年没有调整
│   └─ 领导依制度而激励
│       大家心目中不容易有他
└─ 领导有权调整
    ├─ 有制度却让领导有更大裁量空间
    └─ 无形的增强物使安人的效果更为增强
```

图8-1 制度以外的自由裁量

事实上，按照制度施以激励，被激励的人认为这是规定应该给予的，并没有什么特殊的地方值得特别感谢。有时候还会觉得委屈，抱怨这么多年来，奖赏的标准一直没有调整，跟不上货币贬值的步伐。若是因此而提高，其他人员也会视为因人而调整，发出不平之鸣。我们常常觉得，好像什么都可以制度化，只有激励不应该完全制度化，就是因为一切按照规定，获得奖赏的人不感激，其他的人却认为不公平，大大地降低了激励的效果。当然，完全没有制度也不可行，大家会认为领导的自由裁量权太大，难免有私心、有偏爱。

把有制度与没有制度合起来想，有制度，却留给领导相当大的自由范围。大家对领导格外看重，心目中有领导的存在，而领导也公正无私，自然两蒙其利。

一般而言，激励有以下三大原则（如图8-2）：

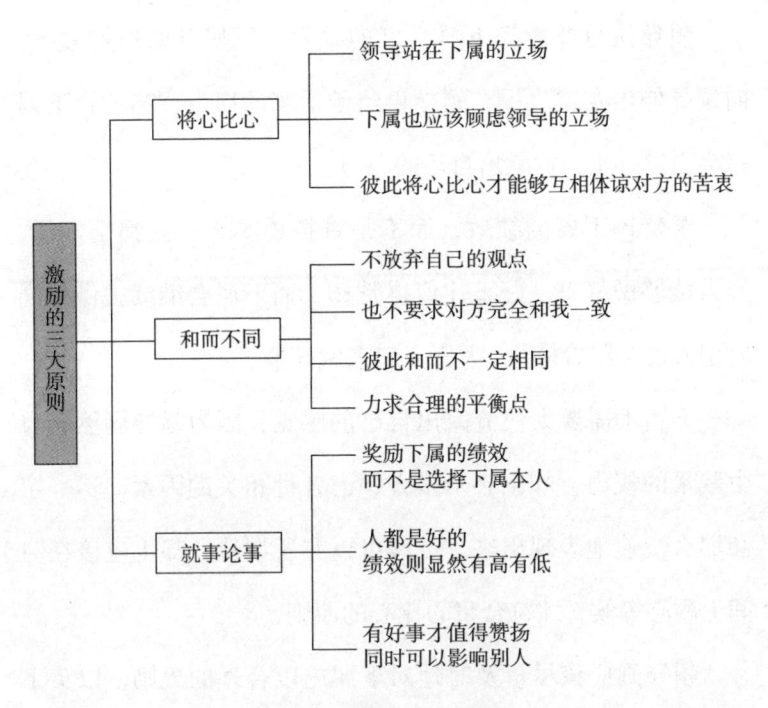

```
                    ┌─ 领导站在下属的立场
             将心比心 ─┼─ 下属也应该顾虑领导的立场
            │        └─ 彼此将心比心才能够互相体谅对方的苦衷
            │
            │        ┌─ 不放弃自己的观点
激励的       │        ├─ 也不要求对方完全和我一致
三大    ────┼─和而不同─┤
原则         │        ├─ 彼此和而不一定相同
            │        └─ 力求合理的平衡点
            │
            │        ┌─ 奖励下属的绩效
            │        │  而不是选择下属本人
            │        │
             就事论事 ┼─ 人都是好的
                     │  绩效则显然有高有低
                     │
                     └─ 有好事才值得赞扬
                        同时可以影响别人
```

图8-2　激励的三大原则

领导站在下属的立场来了解他的感受、要求和苦恼，下属才能够接受领导的关心，并且给予相当的回报。有些人一想到"将心比心"，便认为"要求对方的想法和我一致"，或者"放弃我的观点以便接受对方的想法"。这两种念头都是不正确的，真正的"将心比心"乃是"和而不同"，了解他的感受却未必要接受他的感受，同情不一定就是同意，从而使双方达到融合的一体，然后彼此合理地互动。只要我心中有你，你的心中也有我的存在，应该就可以合理地找出平衡点。

领导认可并赞扬下属良好的绩效，下属开始信赖领导，向领导伸出友谊之手，领导再给予适当的启发或指点，下属就会更进一步，贡献出自己的心力。

要赞扬下属的绩效，而不是赞扬他本人。人都是好的，好人能够做好事，好事才值得赞扬，而下属会继续去做，同时别人也会跟着模仿，大家一起来做好事。

下属不需要太快流露出自己的感觉，因为领导固然有自由裁量的权力，却也必须多方顾虑各种相关的因素，不一定会那么快速地表现出来。下属可以有所期待，却也应该在时间上耐心等候，才符合将心比心的原则。

领导则应该尽量及时地对下属施以合理的激励，以免下属不耐久候而有所不满。如果确实有其他的顾虑，最好先暗地里告诉他，使其情绪平稳而耐心等待下去。有时候坦诚告诉下属自己的苦衷与无奈，也能够打动下属的心，收到激励的效果。如果激励某人的时候，引起了他人的不满，那对激励而言，实在是顾此失彼，很不值得。

本节小结

安人是管理的最终目的。安人之外还需要一些增强物，即制度以外的一些措施。

领导与下属都遵循激励的三大原则，站在对方的立场思考问题，彼此将心比心，力求合理的平衡点，才能达到激励的效果。

合理有利的人事政策

组织不敢明言"全部内部升迁",否则大家联手把表现特优的人排挤掉,再逐一打击有能力的人;组织也不敢明言"全部向外挖角",因为"空降部队"会严重打击原有人员的士气。合理的人事政策,乃是"内部升迁优先,但不排除到外面去挖角",即组织信赖自己的员工,却不能完全依赖现有的同人,需两面兼顾以策安全(如图8-3)。

公正的晋升或调迁,是有效的激励措施。关键在大家的认知——究竟是否公正。所以,领导的决定,才是众人信服与否的焦点。大家认为公正,就会产生很大的激励作用;如果认为不公正,再怎么宣示和说明,也无济于事。

第八章 激励的激励因素

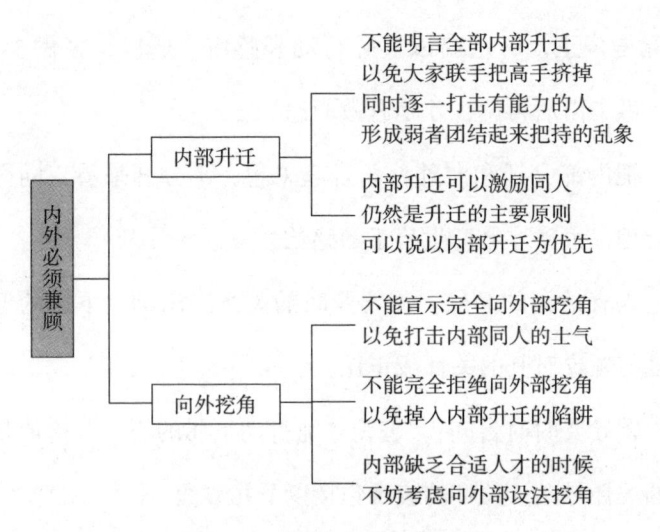

```
                      ┌─ 不能明言全部内部升迁
                      │  以免大家联手把高手挤掉
              ┌ 内部升迁 ┤  同时逐一打击有能力的人
              │       │  形成弱者团结起来把持的乱象
              │       │
              │       └─ 内部升迁可以激励同人
              │          仍然是升迁的主要原则
  内外必须兼顾 ┤          可以说以内部升迁为优先
              │
              │       ┌─ 不能宣示完全向外部挖角
              │       │  以免打击内部同人的士气
              │       │
              └ 向外挖角 ┤  不能完全拒绝向外部挖角
                      │  以免掉入内部升迁的陷阱
                      │
                      └─ 内部缺乏合适人才的时候
                         不妨考虑向外部设法挖角
```

图 8-3　合理有利的人事政策

说到做到，建立组织的信用最要紧，所以不能随便说，也不能说太多，否则做不到的概率增大，对组织非常不利。一旦失去信心，那再怎么说也没有人相信，由此而产生信心危机，想要挽回也很困难。

公正的意思，其实就是合理。我们不必在公平与否的问题上多争议，因为公正常常不一定公平，却是合理的不公平。领导面对的下属众多，而所拥有的资源相当有限，所能够提供的机会也不多，能够合理已经非常不容易，怎么能够公平呢？能够合理的不公平，才是真的。

然而，公正不公正，并不是领导自己说了大家就会相信。下属必须有公正的感觉，才能够充分体谅领导的立场。让大家觉得公正,一定要以实际行动来感应。所以,多做少说,或者做了以后再说,才是有效的途径。

把内部升迁和向外挖角合起来想,不分开来看,同样应该合理,大家才会产生公正的感觉。

人有情绪的起伏,需要及时的关怀来激励。下属的努力程度与领导对其的关怀成正比。

领导要时时自问:"怎么才能打动下属的心?"这便是有效的关怀导向。关怀的表现包括以下几方面:

第一,把下属当作人看待,不要把他看成机器或工具,当然也不是摇钱树。

第二,耐心倾听,让下属把意见说出来,然后挑有理的部分加以赞美。即使有批评或建议,也要夹在赞美的中间,让他乐于接受。

第三,不要总是把企业的规定放在嘴巴上,使下属觉得企业的规定比他还来得重要。领导把规定放在肚子里,当作思虑、判断的腹案。嘴巴上要尽量说情,让下属觉得很有人情味,才会愉快地自动讲理。关怀要及时,因为逾时就没有功效,而且要出乎真诚,否则便是虚伪,也不能收到预期的激励效果(如图8-4)。

美国式管理,比较重视工作导向。他们把上班时间和下

第八章 激励的激励因素

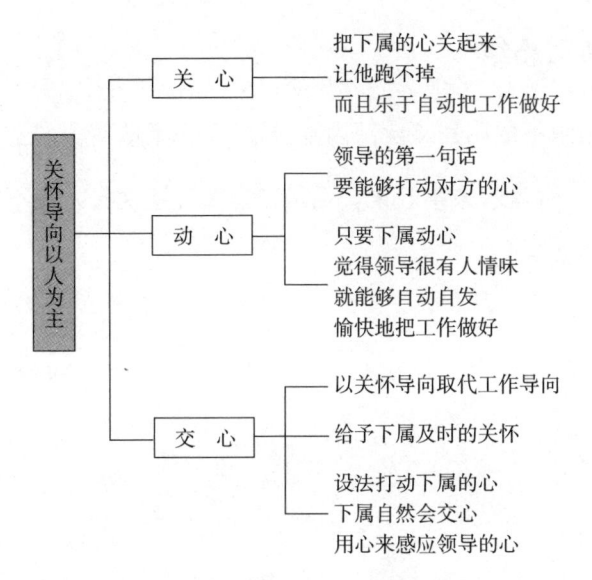

```
                    ┌─ 关心 ─── 把下属的心关起来
                    │          让他跑不掉
                    │          而且乐于自动把工作做好
                    │
                    │          领导的第一句话
                    │          要能够打动对方的心
关怀导向以人为主 ───┼─ 动心 ─
                    │          只要下属动心
                    │          觉得领导很有人情味
                    │          就能够自动自发
                    │          愉快地把工作做好
                    │
                    │          以关怀导向取代工作导向
                    └─ 交心 ─── 给予下属及时的关怀
                    
                               设法打动下属的心
                               下属自然会交心
                               用心来感应领导的心
```

图 8-4　打动人心的及时关怀

班以后分开来看，认为上班时间是企业的，只能谈工作，否则就是浪费公家的时间；下班以后属于自己的时间，那时候可以不谈公事，甚至于对工作加以拒绝。

我们则主张把上班与下班合起来想，上班时是人，下班时也是人。人需要别人的关怀，并不分上班或下班。采取关怀导向，应该是合乎人性的方式。关怀导向的特性，是以人为主，把人当作人看。合理的表现，应该是"第一句话尽量少谈工作，多关心下属，以打动下属的心，使其觉得很有人情味"。关心，就是把下属的心关起来，让他跑不掉，并且很乐意主动把工作做好，还要及时给予领导应有的回报。

131

激励艺术

本节小结

组织不敢明言"全部内部升迁",也不敢明言"全部向外挖角",合理的人事政策,乃是"内部升迁优先,但不排除到外面去挖角"。

事前事后圆满的沟通

下属对工作或工作环境有所不满，或是对升迁调职不满意时，事前的沟通显得非常重要。依中国人的个性，事先沟通是尊重他的表现，含有希望他自动讲理的用意。

最令人不满的是，事先丝毫没有信息，突然间发布命令，使人措手不及，没有时间找台阶下来，因而觉得很没有面子。于是恼羞成怒，采取非理性的情绪化反应。下属固然不应该，领导也难辞其咎。

事先沟通无效，或者事情闹成僵局，如果还有时间，就不要忙着决定，再进行沟通；若是时间急迫，可以先下决定，但事后仍旧要沟通，让他比较有面子，他才会逐渐平息下来。事

激励艺术

先事后所花费的时间，看起来是一种浪费，实际上相当有助益，把它看成心理建设，便知道不可大意。任何事情，事先或事后的沟通，往往比较容易。等到事情发生再来沟通，恐怕已经太迟。

一般而言，事先和事后所用的沟通时间，要比正式沟通所用的时间多三倍，我们称为"三一三法则"（如图 8-5）。

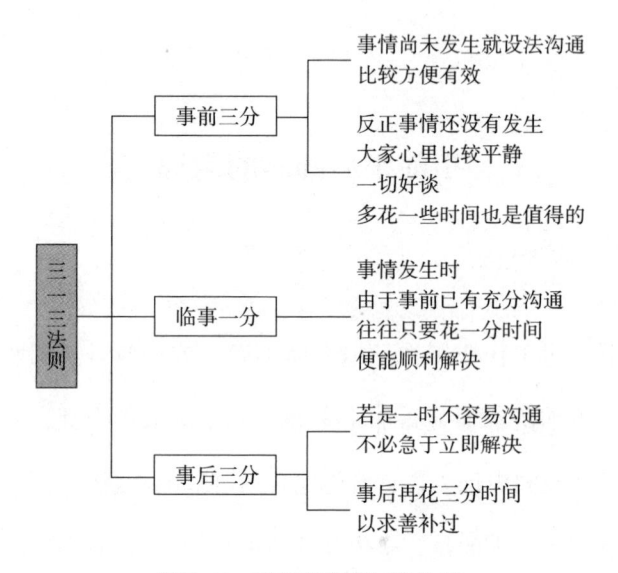

```
              ┌─ 事前三分 ─┬─ 事情尚未发生就设法沟通
              │           │  比较方便有效
              │           │
              │           └─ 反正事情还没有发生
              │              大家心里比较平静
              │              一切好谈
              │              多花一些时间也是值得的
              │
三一三法则 ────┼─ 临事一分 ─── 事情发生时
              │              由于事前已有充分沟通
              │              往往只要花一分时间
              │              便能顺利解决
              │
              └─ 事后三分 ─┬─ 若是一时不容易沟通
                          │  不必急于立即解决
                          │
                          └─ 事后再花三分时间
                             以求善补过
```

图 8-5　重视事前事后的沟通

"三一三法则"是指事前花三分的时间来沟通，事情发生时，只需要一分的时间，便能够顺利解决。若是事先不沟通，等到事情来临，这才急着想要沟通，使人产生临渴掘井的感觉，当然很不容易沟通。

如果实在没有办法，非临时沟通不可，也只好硬着头皮，尽力而为。但是，不必抱持非解决不可的心情，以免弄巧成拙，把事情弄得更僵。这时候平静下来，等待事后再花三分的时间去沟通，效果可能更好。

防患于未然，或者事后用心补救，比临时抱佛脚要有效得多。不是不能抱，而是尽量不要抱，这才比较好。

任何人一旦在工作上自以为是老大，他就会真的老大到无法改善自己，亦即很难提升工作满足感。组织除了提供经过慎选的新资讯之外，可以创造一些具有挑战性的工作机会，鼓励同人接受更高的挑战，以增进其工作满足感。但是，仍然不可忽视适才适用的原则：量才而为，虽然说是挑战，也要承受得了才合适。

事实上，组织不可能经常创造具有挑战性的工作机会，而多数员工也不希望从工作中接受新的挑战，却希望稳定地从事熟悉的工作，然后再从工作以外追求自己的乐趣。此时组织必须以良好的声誉来提升员工的工作价值感，使大家认为自己的工作虽然简单，却为众多客户所信赖，因而觉得工作很有意义、很具价值。

依据成员的个性，提供不同的途径，才是各取所需的激励，使得不同个性的员工，获得不同的提升。一般而言，员工的工作满足感，由各人对工作的认定，也就是不同的价值观来决定。

有人认为，把手中的工作做好，便十分满足。不论大事小事，能够圆满达成任务，就相当有价值。

有人则认为，手中的工作已经很熟悉，做久了很感乏味，期待有新的工作，可以接受更多的挑战。

还有的人根本不把工作当作目标，却以领导的认可与否来换取自己的满足感。领导满意，自己就满足，否则便十分苦恼。

员工形形色色，各有不同的诉求。领导最好再观察一段时间，比较了解下属的心态之后，再进行个别辅导，一方面评估自己的观察是否正确；另一方面则相机劝导，使员工自动调整工作价值感，以求合理（如图8-6）。

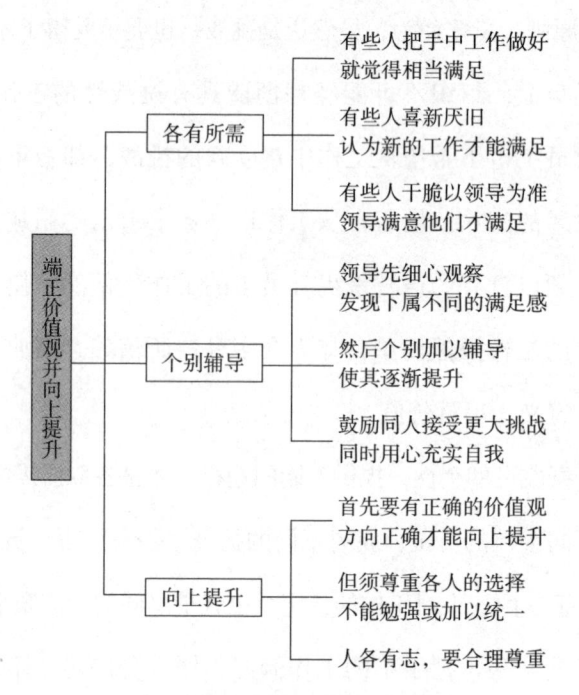

```
                          ┌─ 有些人把手中工作做好
                          │  就觉得相当满足
                ┌─各有所需─┼─ 有些人喜新厌旧
                │         │  认为新的工作才能满足
                │         └─ 有些人干脆以领导为准
                │            领导满意他们才满足
                │
                │         ┌─ 领导先细心观察
端正价值观      │         │  发现下属不同的满足感
并向上提升──────┼─个别辅导─┼─ 然后个别加以辅导
                │         │  使其逐渐提升
                │         └─ 鼓励同人接受更大挑战
                │            同时用心充实自我
                │
                │         ┌─ 首先要有正确的价值观
                │         │  方向正确才能向上提升
                └─向上提升─┼─ 但须尊重各人的选择
                          │  不能勉强或加以统一
                          └─ 人各有志，要合理尊重
```

图8-6　提升满足感与价值感

本节小结

有些人喜欢挑战性的工作，有些人则相当不喜欢；有些人以负更大的责任为荣，有些人则非常不愿意。我们既然无法要求大家具有一致的看法，便应该依个别差异给予不同的激励。差异性的激励，如果是基于个别差异的实际需要，应该算是合理的不公平。不能说公平，却相当合理。

思考

1. 你对激励的两大因素有何看法？

2. 工作中，你能做到内部升迁与向外挖角两者兼顾吗？如果不能，原因何在？你又该如何处理？

3. 你认为，应该怎样遵循"三一三法则"？

第九章
激励的经

"经"是共识，叫作不易的原则；
"权"则是应变，称为权宜的措施。

中国人最善于"持经达权"，有原则地应变。
激励不可不变，不可乱变，要权不离经变得合理。

经是激励时不可不重视的基本原则：
不任意开创恶例，不趁机大张旗鼓或形成运动。

不让人觉得偷偷摸摸，也不可偏离团体的目标。
同时，不可以忽略有效的沟通，以增进激励效果。

这些都是最基本的经，
激励时必须好好秉持，坚守不移。

经，看不见，却必须坚持。
权，大家都看得见，应该特别小心。

| 第九章　激励的经 |

不任意开例，不造成运动

　　激励的经，主要包括六方面，即不可任意树立先例、不可采取运动方式、不可趁机大张旗鼓、不可显得偷偷摸摸、不可偏离团体目标、不可忽略有效沟通。

　　激励固然不可墨守成规，却应该权宜应变，以求制宜。然而，激励最怕任意树立先例，所谓善门难开，恐怕以后大家跟进，招致无以为继，那就悔不当初了。开恶例和求新求变之间的差异，往往要隔一段时间才看得出来，所以，慎始才能善终，在这里再度获得证明。

　　领导为了表示自己有魄力，未经深思熟虑，就慨然应允。话说出口，又碍于情面，认为不便失信于人，因此明知有些不对，也将错就错，因而铸成更大的错误。

有魄力并非信口胡说。有魄力是指既然决定了就会坚持到底。所以，决定之前，必须慎思明辨，才不会弄得自己下不了台。领导喜欢任意开例，下属就会制造一些情况，让领导在不知不觉中落入圈套，在兴奋中满口答应，事后悔恨不已。所谓痛快，往往痛得更快，相信大家都有这种不愉快的经历，可惜很不容易避免。

任何人都不可以任意树立先例，这是培养制度化观念、确立守法精神的第一步。求新求变，应该遵守合法程序（如图9–1）。

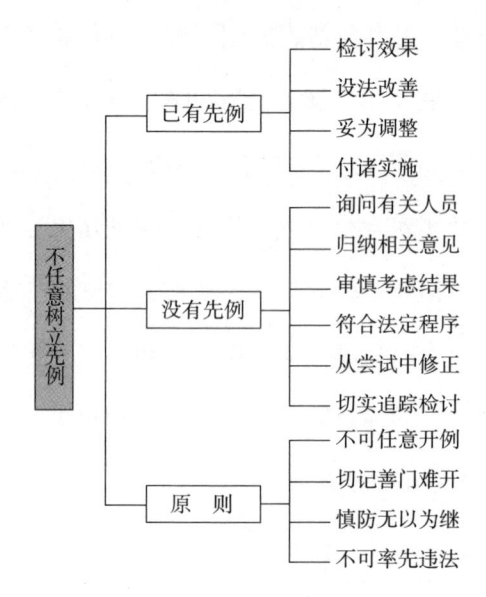

```
                            ┌─ 检讨效果
                 ┌─ 已有先例 ├─ 设法改善
                 │          ├─ 妥为调整
                 │          └─ 付诸实施
                 │
                 │          ┌─ 询问有关人员
                 │          ├─ 归纳相关意见
不任意树立先例 ──┼─ 没有先例 ├─ 审慎考虑结果
                 │          ├─ 符合法定程序
                 │          ├─ 从尝试中修正
                 │          └─ 切实追踪检讨
                 │
                 │          ┌─ 不可任意开例
                 └─ 原 则   ├─ 切记善门难开
                            ├─ 慎防无以为继
                            └─ 不可率先违法
```

图9–1 不任意树立先例

要权宜应变，必须先充分了解现状。如果已经有先例了，就要站在不变的立场，看看不变好不好？如果不变很好，那为什么要变？管理者为变而变，根本是不正常的心态。不变很好，应该维持原状，稍加调整，以求效果更好；不变不好，那就要加以改变。但是，改变的时候，不可以任意、随兴，以免一时大意，树立不良的先例，开了恶门，以后要关闭十分困难。没有先例的话，就需要询问有关人员，归纳相关意见，审慎考虑结果，使程序合法，在法定的范围内权宜应变，然后再根据实施情况，进行及时修正，切实追踪检讨，才是合理的变动。

激励的目的，在于求取和谐中的进步，因此不能够任意树立先例，以免破坏和谐的气氛。许多人喜欢用运动的方式来激励。形成一阵风，吹过就算了，一番热闹光景，转瞬成空。不论什么礼貌运动、清洁运动、意见建议运动、品质改善运动等都是形式，而形式化的东西，对中国人来说，最没有效用。不幸的是，乐于此道的却大有人在，弄得大家敢怒而不敢言。

中国人注重实质，唯有在平常状态中去激励，使大家养成习惯，才能形成风气而保持下去。凡是运动，多半有人倡导。此人密切注意，大家不得不热烈响应；此人注意力转移，运动就将停息。运动不可能持久，屡试不爽。

运动的形成，不是自己要显示实力，有本领掀起一种运动，便是存心求速成，似乎一运动就有成果。这两种心理都不正常。更令人厌烦的是，少数人为了讨好领导，造成一种运动，大家不敢不跟着走，内心则十分反感。

依据"来得快，去得也快"的道理，所有的运动，几乎都不可能持久，活像一阵疾风似的转瞬不见踪影。

所有的运动，刚开始的时候，倡导者都想把它变成一种持久的习惯，可以说，不希望一阵风过去什么痕迹都没有。但是，实际上能够真正持久的少之又少。因为既然是一种运动，就不能以平常心来对待。不是掺杂利害关系，便是加入短期企盼。一下子掀起来，常常很快就衰落下去。甚至发现严重的后遗症，而扑灭得唯恐不够快，那就更为可悲、可叹了。

最好采取自然孕育的方式，顺其自然，应该做的实在去做，大家看见了自然能明白，这样逐渐形成一种风气，比较容易持久。再加以阶段性的调整，效果必然更好（如图9–2）。

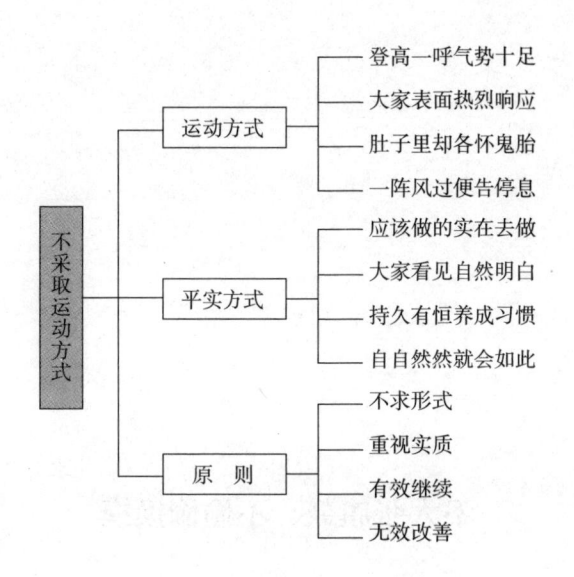

```
                          ┌─ 登高一呼气势十足
                 ┌─运动方式─┼─ 大家表面热烈响应
                 │        ├─ 肚子里却各怀鬼胎
                 │        └─ 一阵风过便告停息
                 │
                 │        ┌─ 应该做的实在去做
     不采取       ├─平实方式─┼─ 大家看见自然明白
     运动方式─────┤        ├─ 持久有恒养成习惯
                 │        └─ 自自然然就会如此
                 │
                 │        ┌─ 不求形式
                 │        ├─ 重视实质
                 └─原  则──┼─ 有效继续
                          └─ 无效改善
```

图 9-2　不采取运动方式

📡 本节小结

激励最怕任意树立先例，所谓善门难开，恐怕以后大家跟进，招致无以为继，那就悔不当初了。

许多人喜欢用运动的方式来激励。形成一阵风，吹过就算了，不能持久。最好采取自然孕育的方式，顺乎自然，逐渐形成一种风气，比较容易持久。

激励艺术

不大张旗鼓，不偷偷摸摸

好不容易拿出一些钱来激励，就要弄得热热闹闹，让大家全都知道，这种大张旗鼓的心理，常常造成激励的反效果。

被当作大张旗鼓的对象，自然有扮演猴子让人耍的感觉。看耍猴子的观众，有高兴凑热闹的，也有不高兴如此造作的。一部分人被激励了，另一部分人则适得其反。

对整个组织而言，得失参半。

比如，劳动节奖励优秀劳动者，等于在劳动节宣布除了这些优秀劳动者以外，其他人都不是优秀的劳动者。这边热热闹闹，外面的人并不加以理会。大张旗鼓如果不能引起大众的关心，效果相当有限；万一惹得大家厌烦，否定大张旗鼓的对象，认为是一种"激励秀"，那激励就更加无效了。

按理说，劳动节应该让所有劳动者都能够愉快地过节，不可以用"优秀劳动者"这一类莫名其妙的奖励，来造成少数人高兴而大多数人不愉快的不良气氛。就算真的要奖励，也应该举办优良老板的选拔，鼓励他们爱护劳动者、尊重劳动者，让那些没有受奖的老板，能够知所改善。激励的正常运作应该让大家都没什么争论，若是见仁见智不同，就可以采取私下进行有效激励的方式，感恩互动，这样知者自知，不知者不知也无妨。比如，父亲节不适宜表扬模范父亲，弄得绝大多数的父亲十分没有面子，反而应该表扬孝顺的子女，促使其他为人子女者特别重视对父母的孝顺。

总之，激励应该是一种行动，不适宜形成某种运动。因为运动固然可以掀起一阵热潮，风风光光，使大家都知道有这么一回事，但是热潮过后，便是日趋冷却，终至无人过问。这样的激励，充其量只能够激励掀起热潮的激励者，对被激励者而言，迟早变成一种负担，十分不妥（如图9-3）。

激励固然不可大张旗鼓，惹得不相关的人反感；也不可以偷偷摸摸，让第三者觉得鬼鬼祟祟，怀疑是否有见不得人的勾当。

领导把下属请进去，关起门来密谈一个小时，对这位下

激励艺术

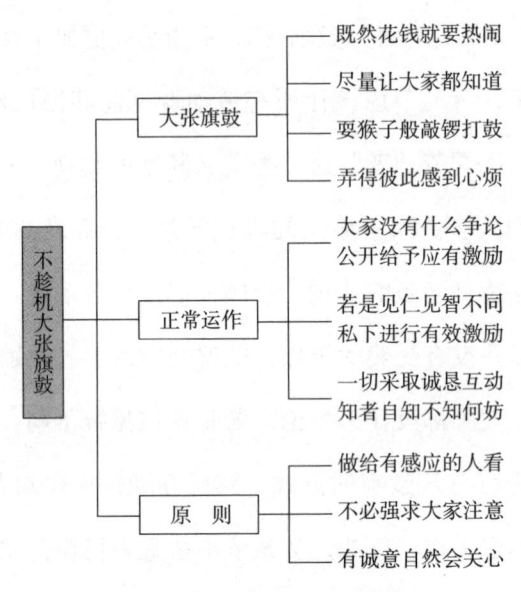

```
                    ┌─ 大张旗鼓 ─┬─ 既然花钱就要热闹
                    │           ├─ 尽量让大家都知道
                    │           ├─ 耍猴子般敲锣打鼓
                    │           └─ 弄得彼此感到心烦
                    │
    不趁机           │           ┌─ 大家没有什么争论
    大张旗鼓 ────────┼─ 正常运作 ┤  公开给予应有激励
                    │           ├─ 若是见仁见智不同
                    │           │  私下进行有效激励
                    │           └─ 一切采取诚恳互动
                    │              知者自知不知何妨
                    │
                    └─ 原  则 ──┬─ 做给有感应的人看
                                ├─ 不必强求大家注意
                                └─ 有诚意自然会关心
```

图 9-3　不趁机大张旗鼓

属大加激励。门外的其他下属，看在眼里、纳闷在心里：有什么大不了的事，需要如此神秘？因而流言四起，有何好处？不是不可以密谈，而是必须详细评估所造成的反应。值得如此做的时候，才妥善为之。

许多人在一起，领导偏要用家乡话和某一位下属对谈；或者和某一位下属交头接耳，好像有天大的秘密似的。其他的人看他们如此偷偷摸摸，会不会产生反感？

不公开可以，守秘密也可以，就是不必偷偷摸摸，令人起疑。暗盘的激励，我们并不反对，但是神秘兮兮，只有反效果，不可不慎重避免（如图 9-4）。

| 第九章　激励的经 |

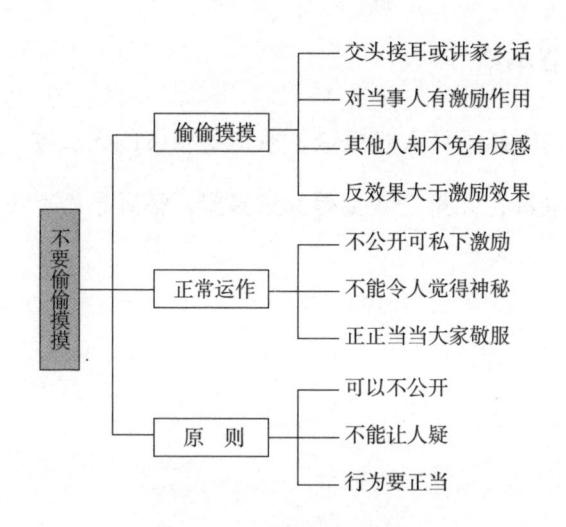

```
                    ┌─ 交头接耳或讲家乡话
           ┌─ 偷偷摸摸 ─┼─ 对当事人有激励作用
           │           ├─ 其他人却不免有反感
           │           └─ 反效果大于激励效果
           │           ┌─ 不公开可私下激励
不要偷偷摸摸 ─┼─ 正常运作 ─┼─ 不能令人觉得神秘
           │           └─ 正正当当大家敬服
           │           ┌─ 可以不公开
           └─ 原　则 ───┼─ 不能让人疑
                       └─ 行为要正当
```

图 9-4　不要偷偷摸摸

　　暗盘的意思，并不是让大家都不知道。因为看不见的刺激和反应，实际上很难收到激励的效果。暗盘的真正用意，是让大家都知道，只是基于尊重大家的心情，所以才不公开出来。公开和守密，不过是形式上有所差异，真正的激励功效，则不应该被减损。任何暗盘，总有公开的时候，若是大家都觉得相当合理，那就是有效的激励；如果大家知道以后，引起相当的不满，当然谈不上什么功效。所以，任何暗盘措施，都应该是以评审公开之后的反应作为选择或调整的准则。神秘兮兮，基本上已经违反暗盘的原则，徒然引起大家的猜疑，并不是良策。抱着暂时不公开的心情来从事暗盘的行为，才比较安全。

本节小结

激励固然不可大张旗鼓，惹得不相关的人反感；也不可以偷偷摸摸，让第三者觉得鬼鬼祟祟，怀疑是否有见不得人的勾当。

不偏离目标，不忽略沟通

凡是偏离目标的行为，不可给予激励，以免这种偏向力或离心力愈来愈大。领导激励下属，必须促使下属自我调适，把自己的心力朝向团体目标，做好应做的工作。只热心为自己的目标而努力，置团体目标于不顾的行为，应该属于偏差行为，不值得鼓励（如图9–5）。

领导若是激励偏离目标的行为，大家就会认定领导喜欢为所欲为，因而用心揣摩领导的心意，全力讨好，以期获得若干好处。一旦形成风气，便会形成小人得意的局面，对整体目标的达成必定有伤害。

目标是激励的共同标准，这样才有公正可言。所有激励

激励艺术

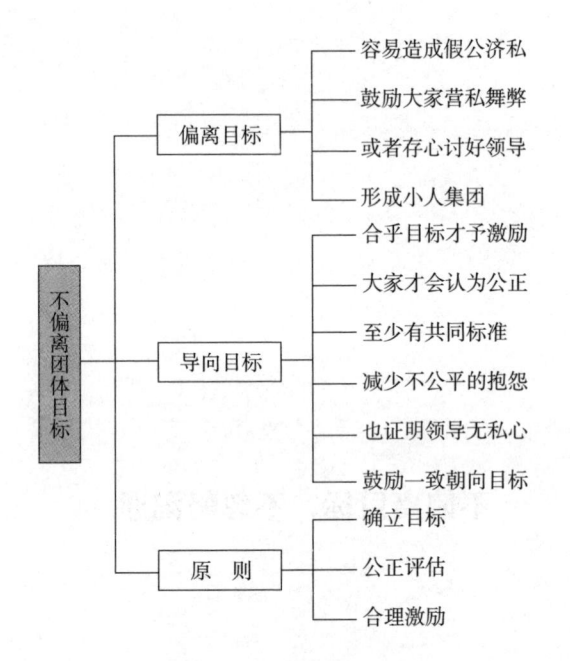

```
                           ┌─ 容易造成假公济私
                           ├─ 鼓励大家营私舞弊
                 ┌ 偏离目标 ┤
                 │         ├─ 或者存心讨好领导
                 │         └─ 形成小人集团
                 │
                 │         ┌─ 合乎目标才予激励
                 │         ├─ 大家才会认为公正
不偏离团体目标 ──┤         ├─ 至少有共同标准
                 │ 导向目标┤─ 减少不公平的抱怨
                 │         ├─ 也证明领导无私心
                 │         └─ 鼓励一致朝向目标
                 │
                 │         ┌─ 确立目标
                 └ 原  则 ─┤─ 公正评估
                           └─ 合理激励
```

图 9-5　不偏离团体目标

都不偏离目标，至少证明领导并无私心，不是由个人的喜爱而给予激励，而是站在组织的立场，尽量做到人尽其才。对偏离目标的行为，不但不应给予激励，反而应该促其改变，亦即努力导向团体目标，以期群策群力、志同道合。

通常个人目标和团体目标很难获得一致，而且个人目标经常被列为优先，甚至于危害团体目标也在所不惜。管理者在这一方面，特别需要以身作则。

第一，不可以假公济私、营私舞弊，以免吓跑守法、守分的下属，或者引起大家的仿效，更加败坏风气。

第二，不可以存心讨好领导，使领导得以为所欲为而偏离团体目标。刚开始领导对下属尚且有所顾虑，唯恐为下属所鄙视，但因为下属事事逢迎，他就可能变本加厉，毫无节制而走上营私舞弊的歧途。

领导引诱下属，或者下属迎合领导，都可能形成小人集团，从事偏离团体目标的不当行为，必须慎加避免。

激励必须通过适当沟通，才能互通心声，产生良好的感应。例如，企业有意奖赏甲，未征求甲的意见便决定送他一台笔记本电脑。不料一周前甲刚好买了一台电脑，虽然说好可以向指定厂商交换其他家电用品，但也会造成甲的许多不便。如果事先通过适当人员征询甲的看法，或许他正需要一个电动剃须刀，那么就顺着他的希望给予奖品，甲必然更加振奋。

沟通时，最好顾虑第三者的心情，不要无意触怒其他的人。例如，对乙表示太多关心，可能会引起丙、丁的不平。所以，个别或集体沟通，要仔细选定方式，并且考虑适当的中介人，以免节外生枝，引出一些不必要的后遗症，减低了激励的效果（如图 9-6）。

每一个人，难免有其想要而不能要的东西，或者是想做而不敢做的事情，激励者如果抓住这个要点，设法满足这种

激励艺术

```
                    ┌─ 不良沟通 ─┬─ 好意可能变成坏意
                    │           ├─ 容易引起不良反应
                    │           └─ 激励时会产生误解
                    │
                    │           ┌─ 激励需要良好沟通
                    │           │  彼此才能产生感应
不忽略有效沟通 ──────┼─ 有效沟通 ─┼─ 同时顾虑其他人
                    │           │  可能还要集体沟通
                    │           └─ 注意聆听不同心声
                    │              适当调整合理激励
                    │
                    │           ┌─ 有效沟通
                    └─ 原  则 ──┼─ 用心协调
                                ├─ 彼此了解
                                └─ 互相体谅
```

图 9-6　不忽略有效沟通

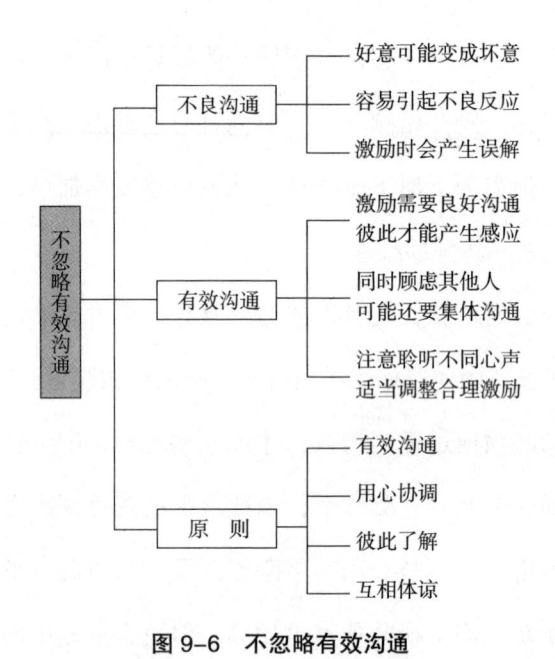

需求，激励的效果必然十分宏大。譬如，前面所述的甲一直羡慕朋友使用电动剃须刀，心中一直盼望着自己也能够享用。但是他的妻子一再反对，认为一般的剃须刀比较安全而且携带轻便。甲不愿意为这种事情和妻子闹得不愉快，所以不方便购买。如今，企业送他一份奖品，居然是电动剃须刀，大家可以想象他有多么愉快，感动之余，必然更加卖力。因为妻子如果问起，为什么要买？他可以堂而皇之告诉妻子不是买的，是企业奖的，妻子一定哑口无言，而自己则可以名正言顺地使用，岂非人间一大乐事？可见，从关心出发，真正切合对方的需求，才能够增加激励的效果。

本节小结

团体目标的达成,乃是激励的主要目的,不可偏离。否则大家以为领导喜欢的便是对的,就会令小人得意而君子心灰意冷。

一切通过有效沟通,把原则变成共识,大家有默契,激励才会事半功倍。在多元社会,很难建立共识,所以,管理者在这方面更要多多费心。

激励艺术

📶 思考

1. 你认为，应该如何防止在激励时任意树立先例？又该如何防止激励形成一种运动？

_____
_____
_____

2. 工作中，你常常是大张旗鼓地激励，还是偷偷摸摸地激励？

_____
_____
_____

3. 你认为怎样才能做到激励时不偏离团体目标、不忽略有效沟通？

_____
_____
_____

第十章
激励的权

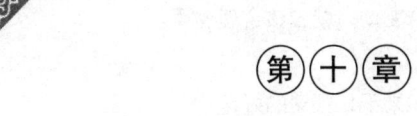

权就是变通，叫作权宜措施。
激励的原则不变，方法却应该随机应变。

各人有不同的需要，各层级也有不同的需求，
时间变更、场合变动，就应该合理变通。

激励的反应，如果不如预期的好，
也应该适当调整，以求制宜。

情势比人强，情势改变，激励也要变，
一切因时、因地、因人，顺势应变以求有效。

激励的权，必须变化而且能持续，
变得有原则，大家才不会怀疑与憎怨。

但是持续中要有合理的变化，
才是真正的持经达权、随机应变。

依需要和层级而变

前面提过马斯洛的需求层次理论，假设人有五种不同层级的需求，依次为生理需求、安全需求、归属与爱需求、尊重需求以及自我实现需求。当较低层级的需求获得相当满足后，次一层级的需求便会主宰这个人的行为。层层提升，表现不一样的需求（如图10–1）。

这五个层级，事实上没有哪一种需求可能完全得到满足，但是相当程度的满足之后，满足这一种需求便不再具有激励作用。激励时必须了解被激励者的真实状况，才能够判断他有什么需求。如果有适当的中介人选，不妨通过中介与被激励者沟通，然后依据他的需求，给予合理的激励。不过，适

激励艺术

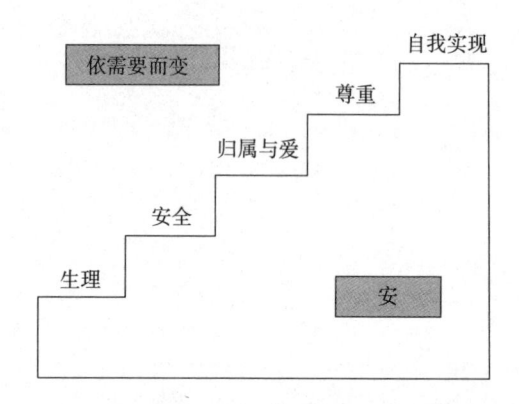

图 10-1 依需要而变

当的中介人士经常不易寻觅，必须慎重选择，并且宁缺毋滥。若是找不到适当的人选，宁可自己去尝试，也不要假手他人。

激励为求因应不同的需要，可以采取自助餐式，让不同的被激励者选择各人的需要；而激励者也要了解不同的对象，施以不同的激励。

同样的激励，由于对象具有不一样的需要，可以给予不同的奖品。但是，事先的了解必须认真而确实，以免阴错阳差，反而引起被激励者相当的不满。

一般而言，不论哪一种需要，都在求得其安。所以，激励的功能与管理并无差异，不外乎求得安宁。

生理需求，其实是安宁的基础。生理能安，才能进一步求安全。有了相当的安全感之后，自然进一步要求归属与爱。这样一层一层向上提升，表示物质优先，随之而来的精神激励才能产生效果。在物质需求尚未获得满足之前，完全依赖精神激励，往往效果不彰。

　　组织中不同阶层的成员，也有不同的需求。一般而言，高阶层比较希望大家尊重他，让他觉得自己的确很高明，所以有不同意见，最好不要当面顶撞他，否则他就会恼羞成怒。但是，也不能不告诉他，不然他也会怀疑有人要看他的笑话。必须单独委婉地规劝，使其认为自己在改变。高阶层自己改变，心里头会感谢那些促成如此的下属，若是觉得自己为下属所改变，那他就会设法抓住机会，让下属难堪。说起来这也是下属自作自受，怪不得领导（如图10–2）。

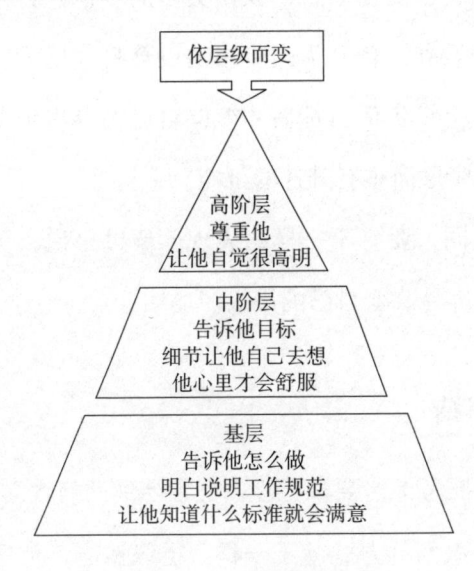

依层级而变

高阶层
尊重他
让他自觉很高明

中阶层
告诉他目标
细节让他自己去想
他心里才会舒服

基层
告诉他怎么做
明白说明工作规范
让他知道什么标准就会满意

图 10–2　依层级而变

对于中阶层，组织需要告诉他目标，让其自己去找答案，把细节想出来，他才会舒畅。如果给他问题，同时或很快又给他答案，他就会失望，认为自己的能力受到低估。若是他想不出来，可以给他一些启示，但还是要让他觉得是自己找到答案的。

对于基层员工，要清楚告诉他应该怎么做，做到什么程度企业就会满意，最好有工作规范让他按照规定去完成。成果符合标准要表示赞许，使其更加努力。

但是如果基层人员长久保持这样的需求，大概不容易获得升迁。若是能够早日表现出中阶层人员的修养，通常升迁的机会比较大。中阶层领导如果明白高阶层的需求，也可以反过来激励自己的上级，以获得更多的赏识。若是早日表现出高阶层的素养，晋升为高阶层的机会自然增大。如果中阶层始终需要上级告诉目标后才能够自己去寻思细节，似乎只能停留在原阶层而难有升迁的可能。

层级不同，要有不一样的表现。反过来说，率先改变自己，有时更容易改变自己的层级。

本节小结

权变时要考虑需要和层级，务求合理而有效。需要不同、层级不同，激励的方式就不一样。层级愈高，愈重视精神需求；层级愈低，愈重视物质需求。

顺时间因场合而变

时间不同,激励的方式也有差异(如图10-3)。

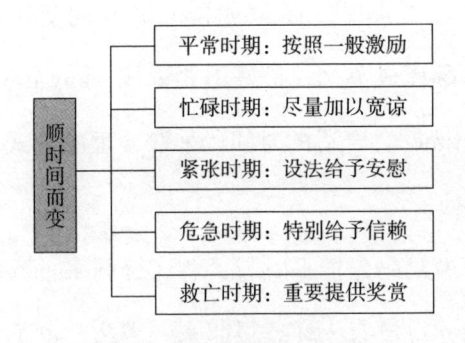

顺时间而变
- 平常时期:按照一般激励
- 忙碌时期:尽量加以宽谅
- 紧张时期:设法给予安慰
- 危急时期:特别给予信赖
- 救亡时期:重要提供奖赏

图10-3 顺时间而变

比如,平常时期,管理者只需按照一般激励,不必采取非常手段。除非发现原来的方法已经日久无效,必须摆脱老

激励艺术

一套做法，这才开始全面更张，采用新的方式，否则不可想到就变，形成特例。

忙碌时期，大家难免火气较旺，耐力较差，这时管理者要特别加以宽谅，不必计较细节，使大家得以忙而不烦。

紧张时期，情绪不安，领导经验较为老到，应该设法给予安慰，尽量纾解大家的情绪，千万不可火上添油，增加各人的紧张气氛。

危急时期，有时需要特别措施，应该赋予更大的信赖，使其放心去做，否则他心里害怕，势必下不了决心。

救亡时期，正是重赏之下必有勇夫的时刻，唯有重赏，员工才有拼死把企业救活过来的毅力，此时不可吝啬。

我们常说"随时"，意思是随着时间的变化做出合理的反应。如果翻译成英文，最好不要说成"any time"，应该是"the proper time"。合适的时间，采取合理的方式，才能够产生良好的反应。

管理者最起码先把平时与紧急区分开来，不可以样样紧急，不然会弄得没有一样急得起来。当然，也不可能样样都要求未雨绸缪，做到完全没有紧急的情况。

平时再分为一般和忙碌，紧急再分成紧张、危急和救亡。这样一来大家心中有数，在什么样的时间状态下，应该做出

第十章 激励的权

什么样的表现。只要配合得宜，对彼此来说，都是有效的激励。时间状态有所改变，大家的心情和态度也就随着有所调整，这样才算是随时应变。

我们再说到因场合而变（如图10-4）。

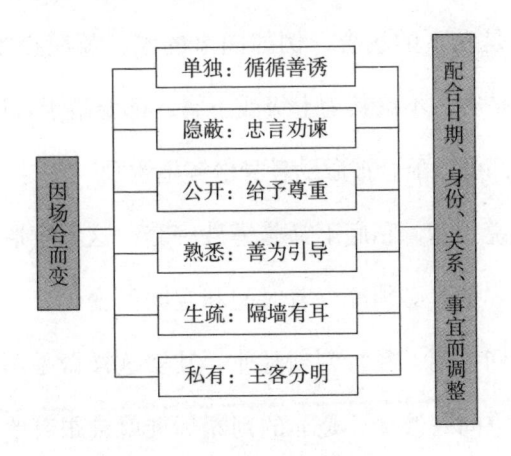

```
                ┌─ 单独：循循善诱 ─┐
                ├─ 隐蔽：忠言劝谏 ─┤   配
    因          ├─ 公开：给予尊重 ─┤   合日期、身份、
    场          │                  │   关系、事宜而
    合          ├─ 熟悉：善为引导 ─┤   调整
    而          │                  │
    变          ├─ 生疏：隔墙有耳 ─┤
                └─ 私有：主客分明 ─┘
```

图10-4　因场合而变

单独相处，比较不容易引起面子上的难堪，可以循循善诱。领导规劝下属，或者晓以利害，最好单独进行。有第三者在场的时候，必须多说好话，少说难听话，以免引起听者的反感。

下属对上级忠言劝谏，如果上级欣然接受，对下属也是很大的激励。不过最好选择比较隐蔽的场合，不必让第三者看见。若是在不熟悉的生疏环境劝谏，更要留意隔墙有耳，以免流传出去，对自己造成十分不利的阻力。

公开场合应该互相尊重，大家都有面子，否则容易造成

激励艺术

反激励。尤其应该重视职位、性别或关系亲疏，表现适当的态度。中国人特别讲求伦理，切忌没大没小，所以，合理的不公平才算适当。

熟悉的场合，要引导较为陌生的同人，使其觉得相当亲切。如果是私下的场合，例如同事的家，就应该主客分明。因为来者是客，不论其为上级或下属，都要给予合适的招呼。任何场合都可以配合被激励者身份实施激励。

公开说一套，私底下又是另外一套，这不算欺骗。我们最好明白：是非必须配合着时间和空间而变化。一般人常常撇开时间和空间，径行判断是非。其实这样做是不对的。因为时间和空间一改变，是非的判断标准就会跟着改变。管它有没有第三者在场，我就是实话实说，实际上已经对他人构成某种程度的伤害，至少是一种不尊敬的表现。听者觉得奇怪，那是听者自己的问题，我们不能够为了在第三者面前表示自己的真实无伪，以致忽略了当事人的存在，这同样是只知有己不知有人的错误。

本节小结

时间不同、场合不同，激励的方式也有差异。在合适的时间、适当的场合，采取合理的方式，才能够产生良好的反应。

看反应视情势而变

激励必有反应，良好与否乃是继续或调整的关键（如图10–5）。

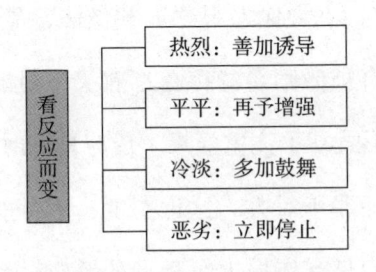

```
            ┌─ 热烈：善加诱导
看反应而变 ──┼─ 平平：再予增强
            ├─ 冷淡：多加鼓舞
            └─ 恶劣：立即停止
```

图 10–5　看反应而变

比如，反应热烈的时候，要在不知不觉中把大家诱导到目标方向，使众人的力量得以汇集。过分热烈，有时还需要稍加冷却，维持合理的程度，勿把人力过度使用。

反应平平的时候，要检讨原因，找出症结所在，给予适当的调整。反应冷淡的时候，同样要找出原因，然后对症下药，予以化解，务使激励所产生的反应符合预期的要求。

若是反应恶劣，要马上停止，千万不能一意孤行非坚持到底不可。通过适当人选，征询有关人员的意见，待其反对情绪稍微冷却，再做处置。

人到底是为自己而活，还是为他人而活？其实用不着争论。我们既不可能完全为自己而活，也不能够完全为他人而活，必须兼顾并重，把自己与他人合在一起想，才能够在群体中成就自我。

激励者完全一意孤行，不理会被激励者的反应，这种"只顾自己喜欢，不管他人观感"的做法，显然是目中无人，心目中根本没有被激励者的存在，效果不可能良好，可以说只重视激励的形式却不注重效果。反应良好时，归功于自己；反应不良时，怪罪于对方。这种态度，不可能带来改善，也于事无补。我们只有依据被激励者的反应，累积相当经验之后，才能够快速有效地随着反应而变化，而且有把握变化得不离经叛道。

另外，情势的优劣，也会影响激励的功效（如图10-6）。

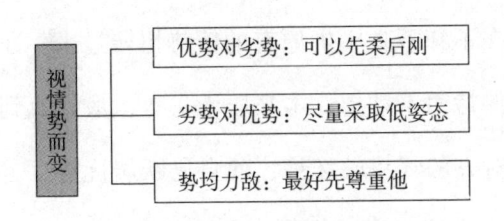

```
                 ┌── 优势对劣势：可以先柔后刚
视情势而变 ──────┼── 劣势对优势：尽量采取低姿态
                 └── 势均力敌：最好先尊重他
```

图 10-6　视情势而变

比如，要激励居于劣势的同人，只要适度看得起他，表示好好工作便不会辜负他，甚至可以用先柔后刚的方式，让他觉得不要敬酒不吃吃罚酒，他也会提起精神，努力振作一番。

至于占有优势的同人，难免自视颇高，必须尽量采取低姿态，使他觉得备受礼遇，甚至还要给予一些额外的好处，他才会不好意思而尽心尽力。

无论优势劣势，适度表示看得起他，应该是十分有效的激励方式。若是双方势均力敌，最好的办法是率先尊重他，让他戴上高帽子，他就会觉得自己好像真的高人一等，因而显现若干本领。

面对群众，要特别注意"能发也要能收"，如果控制不住，最好不要过度激励，以免一发不可收拾，反而造成对己不利的情势，自焚于群众。

情势并非固定，反而经常在变化。中国人十分重视造势，便是希望在不知不觉中把原有的情势扭转过来。原本居于优势，能够保持而不动摇；本来居于劣势，最好找到有利的支撑点，把对方的气势破坏掉，使自己跃居优势；若是双方势均力敌，也应该忍耐，等待对方的弱点显现，再趁机造势，以求对自己有利。

有时候合理的推、拖、拉，可以达到扭转情势的目的。不应该为了害怕推、拖、拉，或者厌恶推、拖、拉而丧失改变情势的机动能力，反而受制于对方。一方面视情势而改变，一方面设法改变情势，才是善于运用情势的表现。主动造势，总比为不利的情势所困来得好。

本节小结

激励者完全一意孤行而不理会被激励者的反应，这种目中无人的做法，其激励的效果不可能良好，必须依据被激励者的反应来采取行动或做适当的调整。

情势的优劣会影响激励的功效，而情势又并非固定，经常在变化。所以，激励者要根据不同的情势，采取合理的措施，才能达到预期的效果。

思考

1. 你对激励要依需要和层级而变有什么看法？

2. 激励时，你是怎样顺时间因场合而变的？

3. 为什么说激励要看反应视情势而变？

第十一章 激励的艺术

激励可以公开进行，也可以暗中实施，
公私必须分明，最好不要假公济私。

有些人喜欢花公家的钱施个人的恩，
看起来很合算，其实祸患无穷，很快会有报应。

顺着员工的个性或者逆着员工的个性，都有激励的可能，
必须刚柔并济，有刚有柔，用得恰到好处。

应该动的用动态，应该静的依静态。
大小并重，有时小的比大的收效更精彩。

激励当然有制度，但是实施起来不可无弹性，
所以把它当作一种艺术，大家都高兴。

艺术其实就是圆通，绝对不圆滑。
万变不离其宗，才是尊重制度的表现。

明暗公私要分开

激励可公开进行或暗中交易，两者都以正当而合理为适宜。暗盘激励不失正当，才是正途（如图11-1）。

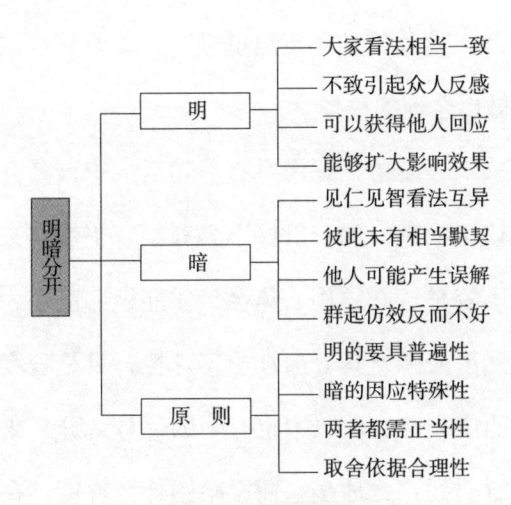

```
                    ┌─ 大家看法相当一致
                 ┌─明─┼─ 不致引起众人反感
                 │    ├─ 可以获得他人回应
                 │    └─ 能够扩大影响效果
                 │
                 │    ┌─ 见仁见智看法互异
    明暗分开 ────┼─暗─┼─ 彼此未有相当默契
                 │    ├─ 他人可能产生误解
                 │    └─ 群起仿效反而不好
                 │
                 │    ┌─ 明的要具普遍性
                 └原则─┼─ 暗的因应特殊性
                      ├─ 两者都需正当性
                      └─ 取舍依据合理性
```

图11-1　明暗要分开

比如，凡是大家看法相当一致，不易引起众人反感的，可公开激励，目的在获得大家的良好反应，以扩大影响；若是见仁见智互异，而又非奖赏不可的，便暗中进行，以减少误解或不满。有些行为，如维护企业信誉而与外人打架，应该私下感谢，以防群起仿效。

普遍性的，可公开实施；特殊性的，除非众所公认，否则以暗盘为宜。牵涉个人荣誉的，私下激励；牵涉组织或团体荣誉的，公开表扬。有关苦劳的奖赏，大家差不多，公开；有关功劳的奖赏，彼此相差颇大，最好暗中给予，以维护较差者的面子，激励其下次努力赶上。公开等于撕破脸，用"无所谓"来因应，就失去激励作用。

最好的方式，当然是把公开与暗中合在一起想。不坚持一定要公开，或者务必要暗地里进行，却能够依照所要激励的性质，做出合理的抉择。

说起来十分简单，好像只有一句话：应该公开的，最好公开；应该暗中进行的，最好不公开。真正做起来，拿捏的功夫十分不容易。必须用心体会，才能得心应手，调整得恰到好处。凡事大多兼具普遍性与特殊性，只是程度上有所差异而已。明中有暗，而暗中也有明的部分，分开来表现的时候，须注意明到什么地步，而又暗到什么程度。在明与暗之

第十一章 激励的艺术

中，存在着许多不同的表现方式，若能将心比心，对激励效果必然有所提升。

另外，要做到公私分明（如图11-2）。

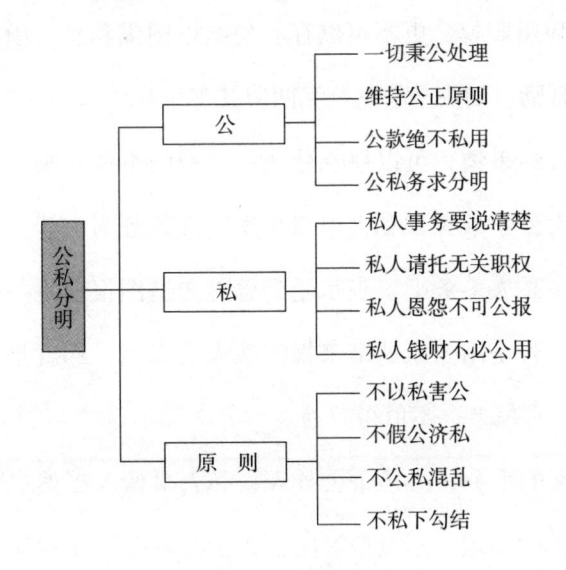

```
                   ┌─ 一切秉公处理
                   ├─ 维持公正原则
            ┌─ 公 ─┤
            │      ├─ 公款绝不私用
            │      └─ 公私务求分明
            │
            │      ┌─ 私人事务要说清楚
公私        │      ├─ 私人请托无关职权
分明 ──────┼─ 私 ─┤
            │      ├─ 私人恩怨不可公报
            │      └─ 私人钱财不必公用
            │
            │      ┌─ 不以私害公
            │      ├─ 不假公济私
            └─原则─┤
                   ├─ 不公私混乱
                   └─ 不私下勾结
```

图11-2 公私要分明

花公家的金钱做私己的人情，这是一种明得暗失的算盘。受惠的人，一方面感受激励，一方面有样学样，公私不分明；其他的人，看在眼里却怨在心里，既然是公家的钱，为何不索性多花一些，连我也照顾在内？

激励者存心接受回馈，当然施恩望报。这种私相授受的激励，不可能真诚持久。必须心中没有施恩的念头，更不希望个人获得任何报答，才有实效。既然如此，就用不着假公

激励艺术

济私以致公私混乱，甚至以私害公。

私人的事宜应该明说，花自己的钱也要表明。不必垫私钱办公事，否则也是公私不分。私人恩怨不能公报，私人请托不能利用职权，更不可以存心勾结以图谋私利，因为公私不分的激励，到头来必然公私两蒙其害。

私人的事情，可以恩怨分明；公家的事务，则不应该如此。因为公家事务和私人恩怨根本不应该混为一谈。有恩必报，用在私人事务上，表示受到恩惠知道图报，是一种良好的行为；若是用公家的事来报答私人的恩惠，那就是公私不分，方向有偏差，不值得鼓励。

公家的事务，必须秉公处理；私人事情，当然也可以委托同事协助办理。不过最好明白表示与职务、职权完全没有关联。对方能办，还要心里愿意才行；若是不能办，或者不愿意办，千万不能勉强。不私下勾结，私事不能害及公益，也不假公济私，这样的私人事务相托，用得合理，也是一种相当有效的激励。

本节小结

激励的艺术，其实就是分寸的拿捏。过与不及，都不是有效的激励。有些事情不公开比公开更能发挥激励的功效，善用正当的暗盘交易，可以增强激励的效果。

公私分明是激励为公的基础。既不能假公济私，也不能以私害公，导致公私混乱，以致影响激励的效果。

顺逆刚柔要合适

请将不如激将，有时逆的激励效果更为宏大。不过完全逆取，也不见得有效。顺逆之间，必须要小心衡量，有顺有逆，能顺也能逆，合理就好（如图11-3）。

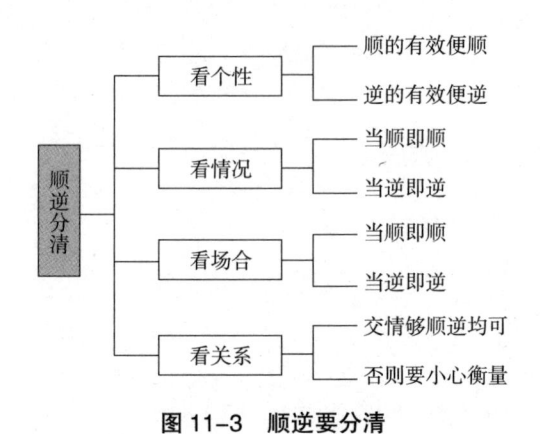

顺逆分清
- 看个性
  - 顺的有效便顺
  - 逆的有效便逆
- 看情况
  - 当顺即顺
  - 当逆即逆
- 看场合
  - 当顺即顺
  - 当逆即逆
- 看关系
  - 交情够顺逆均可
  - 否则要小心衡量

图11-3　顺逆要分清

比如，有些人顺着请他帮忙，他会推三阻四，勉强答应，也似有天大人情。最好用反激的方法，故意把问题说得十分困难，暗示非他的能力不能胜任，激他毅然自告奋勇。

有些人老于世故，便要顺着激励。先说明他的长处，以引起知遇之感，再表示借重他的才华，请他不必顾虑太多，他就会朝气蓬勃，鼎力相助。

关系也很重要，交情不够不宜随便逆取。够交情，好像顺逆都能奏效。不过看场合、看情况，配合着考虑，该顺即顺，应逆即逆，求其效果最佳，而且后遗症最小。以自己的优势来攻破对方的弱点，则顺逆皆有所宜。

顺有顺的好处，逆也有逆的必要。我们最好把顺与逆合起来看，不要只顺不逆，或者只逆不顺。因为如果一切都顺，遇着应该逆的时候，就会顺不得而行不通。若是一定要逆，则应该顺的时候，也将遭遇很大的阻碍。

凡事先站在不顺也不逆的立场，依照当事人的个性，审视当时的情况，衡量场合，考虑关系，然后当顺即顺，当逆即逆。看起来，好像摇摆不定，没有一定的主见；实际上，本来就应该如此，要随机应变以求合理。

顺的时候可以逆转过来，逆的时候也可以止逆为顺。这种随时调整的本事，只要不是为了投机取巧，而是基于随机

激励艺术

应变，便是合理的行为。至于动机为何？大概只有自己心知肚明，别人的猜测，并不需要太在意。

另外，我们也要注意刚柔并济（如图11-4）。

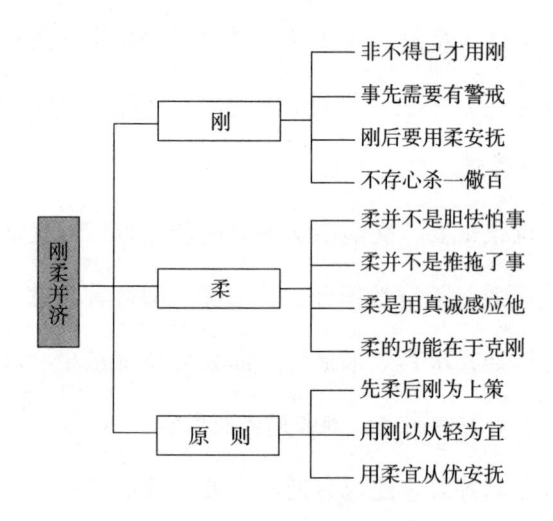

```
                    ┌── 非不得已才用刚
              ┌─刚─┤── 事先需要有警戒
              │    ├── 刚后要用柔安抚
              │    └── 不存心杀一儆百
              │
              │    ┌── 柔并不是胆怯怕事
刚柔并济 ─────┼─柔─┤── 柔并不是推拖了事
              │    ├── 柔是用真诚感应他
              │    └── 柔的功能在于克刚
              │
              │    ┌── 先柔后刚为上策
              └原则┤── 用刚以从轻为宜
                   └── 用柔宜从优安抚
```

图11-4　刚柔要并济

用刚硬的方式来激励，多半建立在利害的基础上面；以柔软的方式来激励，则偏重于情谊。拿情谊做出发点来实施激励，效果较佳。所谓柔能克刚，正是此理。高压式的方式，难免产生硬碰硬的风险性，也会有短暂的、表面的效果，可能带来严重的后遗症，必须慎始，才能预防。

柔不表示胆怯怕事，也不是推、拖、拉敷衍了事。柔是用真诚的爱心来感应，使对方从心中发出一股强烈的意愿，自己奋发有为。

刚是一种果敢的作为，具有短时间的爆发力，当用非常的手段，比较有利。刚硬之后，如果再以柔软来安抚，更能得人心。不可存心杀一儆百，因为这会让员工人心惶恐，并没有好处。若是难以判断应当处罚到什么程度，那最好从轻；难以判断应当赏到什么程度，最好从优。若非证据确凿，宁可从轻发落，不宜轻率冤枉。刚柔并济，所重不在惩罚，而在教化。

非不得已的时候，当然也可以用刚。不过事先应该发出警戒，使大家心理上具有充分的准备。能够及时避免的，自然不致受到影响。若是存心挑战，自己也心中有数，不致怨天尤人。即使万不得已要用刚，还要尽量以柔来善后，使大家明白并不是存心如此，更容易获得谅解。

先柔后刚，刚后用柔，表示柔的功能确实比刚可靠而有效，柔性激励比刚性高压更合乎心性需求。可惜很多人认为自己性格如此，不容易改变，因而偏向于刚性措施。其实，只要观念改变，很容易改变自己的态度和行为。不妨用实际行动来印证以柔克刚，使自己更为轻松愉快，也更受到大家的欢迎。

本节小结

顺逆分清，是适应个性的表现。凡事先站在不顺也不逆

激励艺术

的立场,依照当事人的个性,审视当时的情况,衡量场合,考虑关系,然后当顺即顺,当逆即逆。

刚柔并济,是情谊与利害的调适。用刚硬的方式来激励,多半建立在利害的基础上面;以柔软的方式来激励,则偏重于情谊。先柔后刚,刚后用柔,因为柔性激励比刚性高压更合乎心性需求。

| 第十一章　激励的艺术 |

动静大小要并用

　　动静不是两种相反的状态，而是彼此互相过渡的，动中含有静态，静中也有动态。活动过程多半比较引人注意，而活动前后的企划、准备及沟通、协调，则容易被忽略。激励者不可由于自己看得见的动态便加以重视，却对自己看不见的静态予以轻忽，以免厚此薄彼，招致不满。把看得见的部分与看不见的部分合起来看，才能够动静兼顾并重，不至有所偏忽（如图11-5）。

　　对于动态的激励，必须掌握时机、把握重点，以配合活动的进行；对于静态的激励，可以定期或不定期在结束或过程中，指定专人或由某些人交互实施。无论动态、静态，都要给予合理的激励，使大家明白动态、静态各有其贡献，并

激励艺术

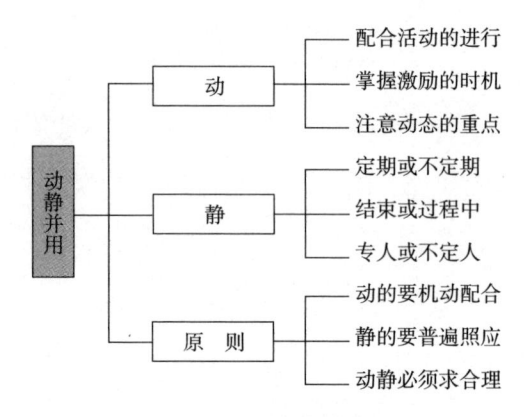

```
                    ┌── 配合活动的进行
              ┌─动─┼── 掌握激励的时机
              │    └── 注意动态的重点
              │
动静          │    ┌── 定期或不定期
并用 ─────────┼─静─┼── 结束或过程中
              │    └── 专人或不定人
              │
              │    ┌── 动的要机动配合
              └─原则┼── 静的要普遍照应
                   └── 动静必须求合理
```

图 11-5　动静要并用

无轻重之分，因而分别努力，共同朝向目标。

　　动态应注意机动配合，静态要普遍照应；前者重在时机，后者重在人员。动静都要掌握人心，所以力求合理。

　　任何活动，事实上都有动的一面，也有静的一面。我们往往看到动的一面，却很容易忽视静的一面。于是，从事动的行动，由于受奖的概率较高，大多热心鼓舞，兴致甚高；而从事静的支援，由于受到忽视而不甚热心，以致影响活动的效果。为了防止这种可能产生的缺陷，激励者必须动静兼顾并重，以免静态的工作，妨害了动态的活动。这种原则，最好事先声明，并且在行动上有具体的印证，使大家一开始就同心协力而不分彼此。否则等到活动进行到一半，甚至于快要结束时，才发现有些不对而紧急声明，恐怕已经实质上影响到活动的成果而难以挽回了。

第十一章　激励的艺术

另外，大小要并重。中国人见面，最喜欢分大小。罚遇亲贵，很容易造成枉法；赏遇微贱，也常常流于刻薄。大小兼顾，才能够赏罚平衡，做到赏当其功、罚当其罪的地步。

罚要向上追究，不论地位如何高贵，有过失就不能掩饰或开脱；赏应普遍推及基层，地位再低微，有功就不能忽视或遗漏。大小并重，赏罚明快，才具有激励效果。

大功劳要隆重，以示礼遇；小功劳也要重视，因为轻忽小功，大家就会希望夺取大功，以致小问题乏人注意，势必酿成大祸害。大事应予特别奖励；小事也宜合理奖赏。职位高的，固然要礼待他；职位低的，更不宜轻视他，以免引起反感。一大堆人受奖，要大场面，大家一起接受激励；少数人或单独一人受奖，不妨视实际情况，或公开或个别给予激励（如图11-6）。

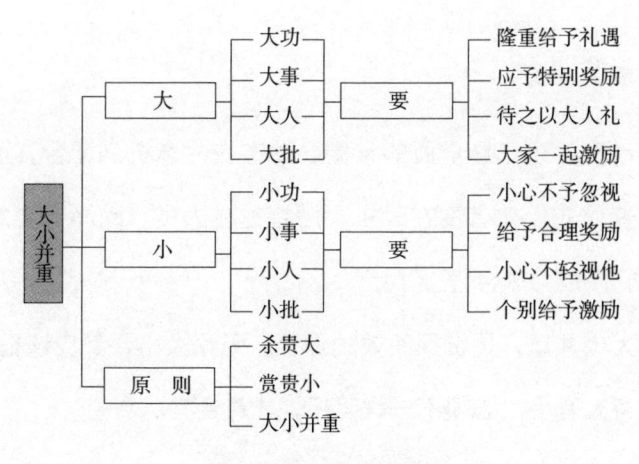

图 11-6　大小要并重

打老虎或是打苍蝇，一直是大家十分关心的事情。老板的亲信受到什么样的赏罚，也是公正与否的指标。

同样犯错，职位较高的，应该受到比较重的惩罚；职位较低的，所受的惩罚应该较轻。否则，打苍蝇而不敢打老虎，大家何以心服？同样有功，职位低的优先奖赏。

当然，有轻有重，并不表示只偏于一方，却应该大小兼顾并重，不过是程度有轻有重而已。

重视大功劳，大家才会竭尽全力；重视小功劳，大家才不会对小问题掉以轻心。初犯不罚，大家才敢多做、多尝试。很多人立功，最好大家都有奖；一群人共犯，同样要一起受罚。无论大小，都应该重视，但是有大有小，必须不一样奖惩，才算合宜。

本节小结

动静并用，是全面的掌握。动态应注意机动配合，静态要普遍照应。前者重在时机，后者重在人员。动静都要掌握人心，所以力求合理。

大小并重，是赏罚有效的保证。无论大小，都应该重视，但是有大有小，必须不一样奖惩，才算合宜。

第十一章 激励的艺术

思考

1. 在工作中进行激励时,你能做到明暗分开、公私分明吗?

2. 你是如何拿捏顺逆与刚柔的分寸的?

3. 对于动静并用、大小并重你是怎样看的?

第十二章
被激励者的修养

自作自受，是人人必须承受的经，
对自己的所作所为，负起完全的责任。

懂得感谢的人，更加有福气，
因为心存感谢，可以减少埋怨和气愤。

与人分享，大家才能产生荣辱与共的感觉，
对于以后的互助和支持，有兴趣也有信心。

不要盲目求公平，以免大家都苦恼。
合理的不公平，公正就好，不一定要公平。

求人不如求己，自己激励当然最可靠，
随时随地不放弃自己，给自己一些掌声。

总归一句话，感谢之心最可贵，
谢天、谢地、谢上、谢下，大家都愉快。

| 第十二章　被激励者的修养 |

明白自作自受的道理

人的一生，表面上看起来都有其定数，好像一切都是天注定，自由意志的力量，微乎其微。

其实，人之所以异于其他的动物，有资格称为万物之灵，就在于人类具有其他动物所缺乏的自由意志。

人一生下来，就有命。这个命来自天，所以被称为天命。老天爷对人所下的命令，人如果完全服从，那就是放弃自己的自由意志，一切听天由命，当然丝毫没有变更的余地。因而觉得天定胜人，任由天命摆布，当然是不争的事实。一切天注定，半点不由人，对这些完全服从天命的人来说，可以说百分之百的正确。

但是，天下事没有不能商量的，没有不能变通的。老天爷对人类特别器重，让人类拥有高度的自由意志，可以自主地与天商量，改变自己的天命。

生涯规划，说起来就是改命学，想办法改变自己的既定命运。天命由天定，自己要不要改变，则由自己来决定。决定不改变，成为十足的宿命论者；决定要改变，也就成为自主性高的创造论者。两者皆可行，而决定权在自己，所以自作自受是不必怀疑的真理（如图12-1）。

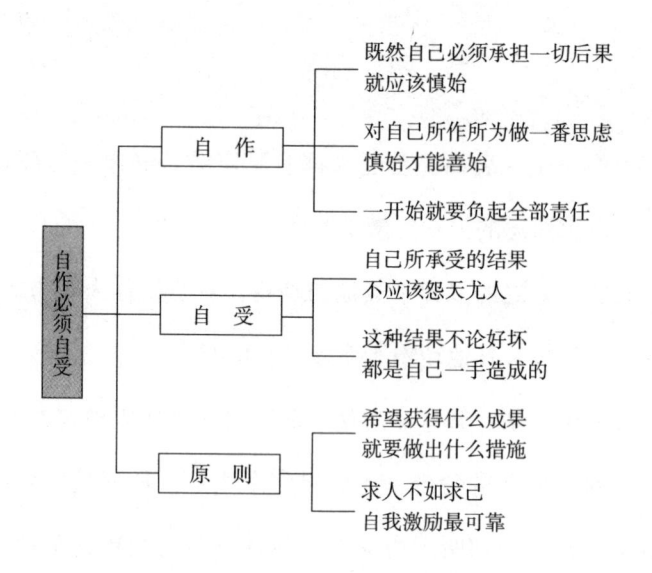

```
                      ┌─ 既然自己必须承担一切后果
                      │  就应该慎始
              ┌─ 自 作 ─┼─ 对自己所作所为做一番思虑
              │       │  慎始才能善始
              │       └─ 一开始就要负起全部责任
              │
              │       ┌─ 自己所承受的结果
              │       │  不应该怨天尤人
自作必须自受 ──┼─ 自 受 ─┤
              │       └─ 这种结果不论好坏
              │          都是自己一手造成的
              │
              │       ┌─ 希望获得什么成果
              │       │  就要做出什么措施
              └─ 原 则 ─┤
                      └─ 求人不如求己
                         自我激励最可靠
```

图 12-1 明白自作自受的道理

自己要依赖他人的激励，等于心甘情愿地接受他人的摆布；自己可以激励自己，拥有最大的自由和自主。两者都有

第十二章 被激励者的修养

相当的道理，也都可以由自己来决定。

自己决定所导致的结果，当然要由自己承受。激励者与被激励者最好明白自作自受的道理，以承受所有结果的心情来考虑自己的作为，可能会更为谨慎，采取更加合理有效的动作。

印度杰波普大学教授奥修（Osho，1931—1990）认为，人应该快乐而不满足（happy and discontent)，对于任何激励，我们都要以快乐的心情来接受，而不是耿耿于怀，认为自己十分委屈，并未获得公平的奖赏。

当我们把激励与没有激励合起来想的时候，原本应该受到激励很快乐，没有受到激励也很快乐才对。为什么接受激励时，一定要和自己过不去？用不满足来影响自己的情绪呢？不如把满足与不满足也合在一起想，不就觉得相当快乐了吗？可见，只要心存感谢，所有不愉快的感觉自然烟消云散，再小的激励也会带来快乐。

把大与小合起来想，激励就激励，哪里有什么大小的分别？就算有，也不过是些微的差距，不值得计较。只要心存感谢，自然没有什么大小的区分；只要不计较，自然十分快乐。公平不公平，原本只是一种感觉。认为这样才公平，就觉得很公平；认为这样不公平，也就觉得很不公平。不如把

激励艺术

公平与不公平合在一起想，没有什么公平不公平的感觉，也就不会心生不平而有所怨责。

能不能心存感谢，当然由自己决定。大概明白自作自受的道理，比较能够自主地心存感谢。因为怨天尤人所衍生的结果，终将由自己承担，又何苦加害自己？

心存感谢是自作，心情愉快是自受。想通这一点，自然不愿意和自己过不去，更加容易心存感谢。接受激励时不要怀疑对方的动机，不必计较公平与否，不应该有大小的区分，对自己来说，实在是最愉快的反应（如图12-2）。

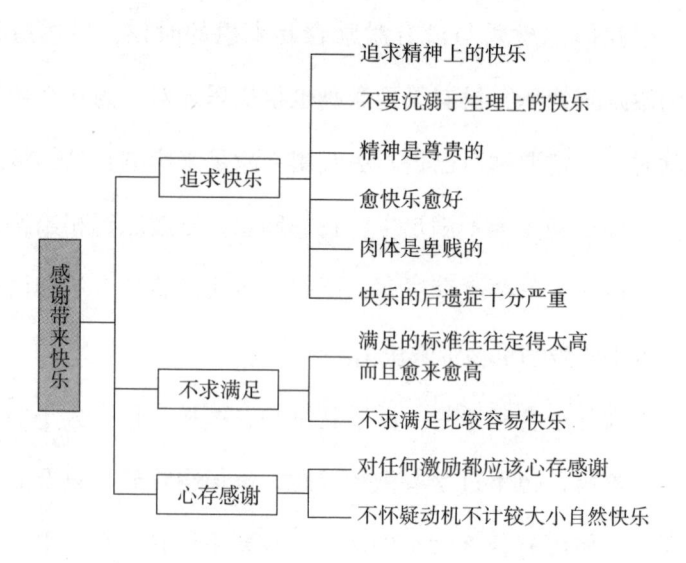

```
                          ┌─ 追求精神上的快乐
                          ├─ 不要沉溺于生理上的快乐
              ┌─ 追求快乐 ─┼─ 精神是尊贵的
              │           ├─ 愈快乐愈好
              │           ├─ 肉体是卑贱的
感谢带来快乐 ─┤           └─ 快乐的后遗症十分严重
              │           ┌─ 满足的标准往往定得太高
              ├─ 不求满足 ─┤   而且愈来愈高
              │           └─ 不求满足比较容易快乐
              │           ┌─ 对任何激励都应该心存感谢
              └─ 心存感谢 ─┤
                          └─ 不怀疑动机不计较大小自然快乐
```

图12-2　心存感谢

本节小结

有一条永恒不变的法则，叫作自作自受。从现在开始，养成慎始的习惯，并且不断提醒自己：必须承受自己所作所为的一切后果，负起完全的责任。从此不推诿、不抱怨，培养感谢的心情。

激励艺术

做到合理不公平就好

独乐乐不如众乐乐，自己快乐而旁边的人并不快乐，终究也会影响自己，弄得自己也不快乐。

我们最好明白：独立完成一件事情几乎是不可能的，多多少少都需要获得别人的支持和协助。所以，有关的人员分享，才合乎有苦同担、有福同享的道理。精神上的激励往往比较容易分享，好话多传几遍，大家都听得到，并不需要增加成本，或者自己掏腰包、赔钱。但是物质上的激励，常常造成独吞的恶果：自己享受还嫌不够，哪里有多余的可以与人分享？

偏偏其他的人看法并不一样。大家认为精神上的激励，

第十二章 被激励者的修养

分享与否并不重要，反正是无形的，分与不分没有什么差别；物质上的激励，有形可分，当然要拿出来分享，没有理由独吞，否则就等于看不起大家。

分享，可以激励其他同人；独吞，后果相当可怕，很可能愈来愈孤立无援。不论对精神或物质，最好都能够抱着分享的心情，一方面感谢以往的支持，一方面增强以后的援助力量。有福能够同享的人，才找得到有苦同担的同道人。否则，大家心中有数，再也不热心支持，等于断绝自己的前程，对自己造成很大的不利。

施比受更有福，在这里获得有力的佐证。把所得的激励再度施放出去，大家俱皆欢喜，对以后的同心协力有很大的助益。把自己当作桥梁，一端进来，另一端出去，沟通双方，使激励的效果更为显著。只进不出，等于通路阻塞，激励的效能就愈来愈减少了（如图12-3）。

另外，我们三番两次说明合理不公平的必要性和重要性，主要是因为现代人受到公平的影响，对公平的追求十分殷切，反而很不容易体认合理不公平的真义与价值。

盲目追求公平，结果只能够获得表面的、形式的、虚假的公平。换句话说，不过是一种齐头式的假平等（如图12-4）。

激励艺术

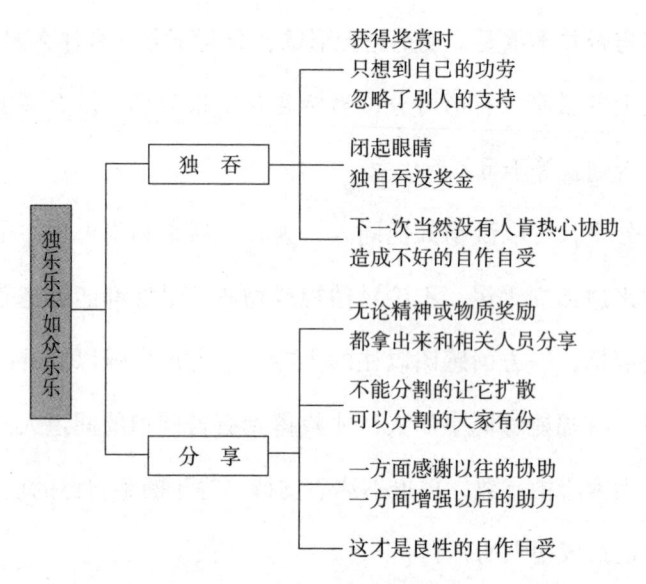

```
                        ┌─ 获得奖赏时
                        │  只想到自己的功劳
                   ┌ 独吞 ┤  忽略了别人的支持
                   │    │
                   │    ├─ 闭起眼睛
                   │    │  独自吞没奖金
                   │    │
                   │    └─ 下一次当然没有人肯热心协助
独乐乐不如众乐乐 ──┤       造成不好的自作自受
                   │
                   │    ┌─ 无论精神或物质奖励
                   │    │  都拿出来和相关人员分享
                   │    │
                   │    ├─ 不能分割的让它扩散
                   └ 分享 ┤  可以分割的大家有份
                        │
                        ├─ 一方面感谢以往的协助
                        │  一方面增强以后的助力
                        │
                        └─ 这才是良性的自作自受
```

图 12-3　独乐乐不如众乐乐

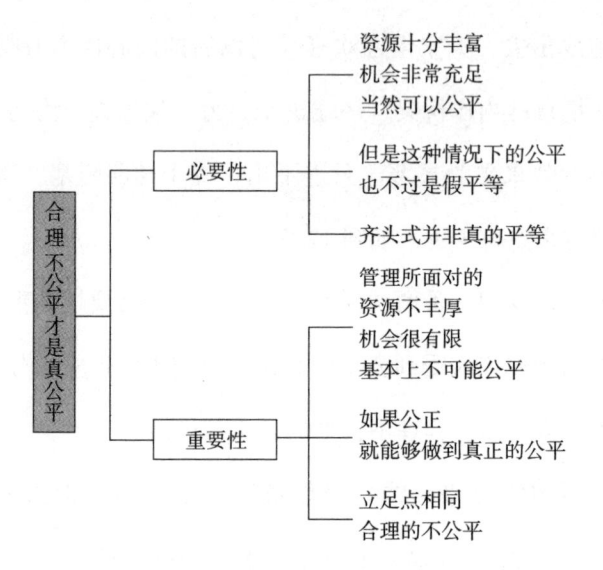

```
                        ┌─ 资源十分丰富
                        │  机会非常充足
                        │  当然可以公平
                   ┌ 必要性┤
                   │    ├─ 但是这种情况下的公平
                   │    │  也不过是假平等
                   │    │
                   │    └─ 齐头式并非真的平等
合理不公平才是真公平 ──┤
                   │    ┌─ 管理所面对的
                   │    │  资源不丰厚
                   │    │  机会很有限
                   │    │  基本上不可能公平
                   └ 重要性┤
                        ├─ 如果公正
                        │  就能够做到真正的公平
                        │
                        └─ 立足点相同
                           合理的不公平
```

图 12-4　合理不公平

第十二章 被激励者的修养

公平好不好？根本用不着怀疑，当然好。但事实上做不到，因为我们所能动用的资源相当有限，我们所能掌握的机会也十分有限。如果资源充足、机会无限，人人可以如愿以偿，当然可以公平；若是资源、机会都相当有限，那就很难求其公平。

再深一层看，即使资源、机会充裕，人人有赏，也不算公平。这种吃大锅饭的情况，并不是利于管理合乎人性的方式。我们所乐于看到的公平，应该是立足点平等、机会平等所产生的合理公平。这种合理公平，表面上看起来显然不公平，所以也称为合理不公平，不易引起大家的反感。长期以来，我们都把这种看起来并不公平的实质公平称为公平，常常引起诸多怀疑。这很好笑，明明不公平，为什么要大家承认公平呢？现在我们摆明地说它是合理的不公平，大家反而比较能够接受，认为这样已经很不容易了，可以算是勉强的公平。

阴阳文化，说公平大家便想起不公平，说不公平大家反而容易产生公平的感觉。领导自己说公平，下属硬是认为不公平；领导如果谦虚一点儿，说自己只能公正而很难公平，下属反而更能体谅领导的立场，更能愉快地接受这种看起来不公平而实质公平的合理不公平。

📶 本节小结

  公平好不好？当然好。但事实上做不到，因为我们所能动用的资源和我们所能掌握的机会都十分有限。而我们所乐于看到的公平，应该是立足点平等、机会平等所产生的合理公平。这种合理公平，表面上看起来显然不公平所以也称为合理不公平，这样才不易引起大家的反感。

第十二章　被激励者的修养

最好存有感谢的心情

　　求人不如求己，这是大家十分明白的道理。可惜从小在父母亲人的呵护中长大，养成依赖他人的习惯，往往会有意无意期待他人的支持更胜于自己的努力。

　　我们固然不忽视自己的努力，却常常寄望于他人的提携。其实，这两者并无矛盾冲突，而且不致互相抵触。因为他人的提携，基本上取决于自己是否充分努力。自己努力，比较容易获得他人的提携；自己不努力，就算获得提携，也不过一时侥幸，终久要被摔回原地。自己努力，再加上他人的提携，简直有如神助。

　　总的说来，自我激励有三大特性（如图12-5）：

激励艺术

```
                    ┌─ 方便性 ─┬─ 自我激励最方便
                    │         │  随时随地都能够实施
                    │         └─ 只要自己愿意
                    │            谁也阻挡不了
自我激励的三大特性 ─┼─ 真实性 ─┬─ 自己值不值得激励
                    │         │  实在只有自己最清楚
                    │         └─ 激励到什么程度
                    │            自己来拿捏
                    │            最为真实
                    └─ 有效性 ─┬─ 配合实际需要
                              │  给自己最合适的激励
                              ├─ 既能够满足自己的需求
                              │  又可以适当地调适
                              └─ 不致限于现实条件
                                 做出无效甚至反效果的激励
```

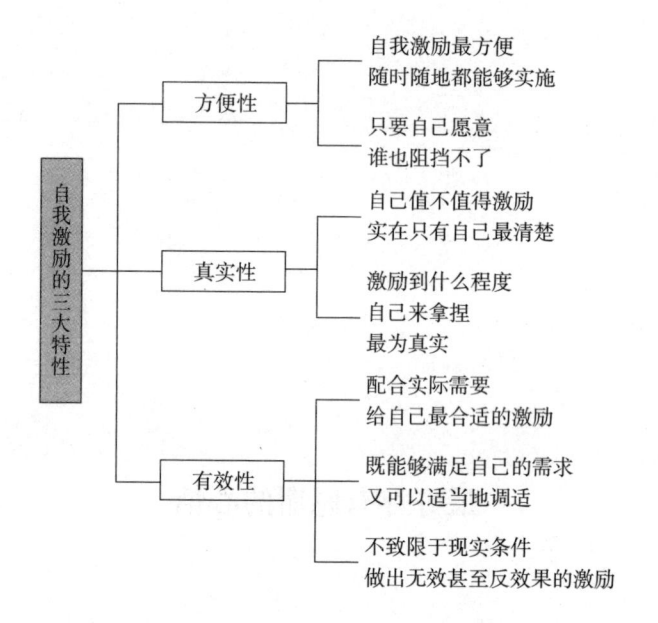

图 12-5　自我激励的三大特性

第一，方便性。激励不一定要来自他人，自我激励掌控在自己的手中，岂非更为方便？把自主权放弃掉，等于自愿接受他人的主宰，不但有损尊严，而且对自己十分不利。

时常提醒自己，生而为人，最可贵的地方便是拥有高度自由意志，能够自主，成为自己的主人。

第二，真实性。自己到底值不值得激励，只有自己最清楚；激励到什么程度自己才满意，也是自己来拿捏才最真实的。

第三，有效性。配合实际需要，给自己最适合的激励，

第十二章 被激励者的修养

常常给自己一些掌声、一些激励，实在是一件很容易完成的事情。既能满足自己的需求，又可以适当地调试。但是，一般人不是忘掉了，便是自己和自己过不去，硬是转移目标，期盼别人的掌声、他人的激励。结果呢？由于大家往往只顾自己而忽视他人，以致吝于鼓掌，舍不得或不重视给人激励，产生空有期待却没有获得，或者有所获得却出现重大落差的失望，造成严重的挫折感，当然伤害了自己。

人必须坚定自信，只要抱持谦虚的态度，就不致狂妄自大。不自大的自信，才是充满信心的表现。人不应该和别人比，只适宜和自己比。有些微进步，只要保持下去，日有寸进，即使他人不觉得怎么样，也值得激励。

激励是否得宜？能否获得成效？固然有很多影响因素，但是主要的因素，在于受激励者有否感谢的心情。心存感谢，很容易获得满足；无论什么样的激励，总觉得不如自己的期望，甚至有很大的落差，在这种心态下，激励要想得到预期的效果，实在十分困难（如图12-6）。

感谢的心情，要靠自己培养。最好养成习惯，比如每天早晨起床，先不忙于想别的，在做任何事情之前，首先要谢天谢地。谢什么？感谢上天的恩典，又给自己崭新的一天。昨天晚上居然没有死掉，难道不值得感谢？事实上，这样一

激励艺术

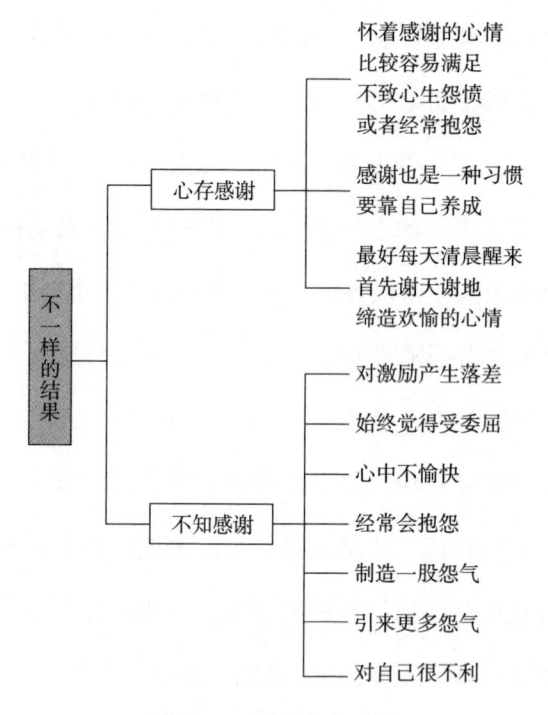

```
                    ┌─ 怀着感谢的心情
                    │  比较容易满足
                    │  不致心生怨愤
                    │  或者经常抱怨
           ┌─ 心存感谢 ─┤
           │        │  感谢也是一种习惯
           │        │  要靠自己养成
           │        │
           │        └─ 最好每天清晨醒来
           │           首先谢天谢地
不一样的结果 ─┤           缔造欢愉的心情
           │
           │        ┌─ 对激励产生落差
           │        │
           │        ├─ 始终觉得受委屈
           │        │
           │        ├─ 心中不愉快
           └─ 不知感谢 ─┤
                    ├─ 经常会抱怨
                    │
                    ├─ 制造一股怨气
                    │
                    ├─ 引来更多怨气
                    │
                    └─ 对自己很不利
```

图 12-6　最好心存感谢

　　来，心情的喜悦、情绪的愉快，都随之产生。一日之计在于晨，必须具有这种欢愉的心情，才能够有良好的开始。

　　既然抱怨无济于事，不能够解决任何问题，不如心存感谢，凡事往好处想，自己愉快些，别人也会以同样的心情来待自己，符合助人助己的原则，对大家都有好处。

　　停止抱怨，不致产生怨气，也不会招来怨气。心存感谢，可以产生喜气，同样引来喜气。在充满喜气的环境中，工作效率高些、工作绩效好些，等于提高激励的功效，应该是不

第十二章 被激励者的修养

争的事实。具有感谢的心态，相当于自我激励，也就是可以收到自我激励的效果。

要不要感谢？决定权在自己，而不在别人。自己心怀感谢，别人根本阻碍不了，也无从破坏。如何明了感谢的本质？怎样保持感谢的心情？对激励者和被激励者双方都十分重要，必须花一些时间加以探究。

本节小结

心存感谢，其实是最好的自我激励。时时保持感谢的心态，不致埋怨、气愤，而且有与人分享的雅量，当然受到大家的欢迎。拥有感谢之情，必然产生十分愉快的心情。这种心情会带来一整天的幸运，处事顺利、处人和谐，势必更为感谢，从而构成良性循环，不断自我激励，效果当然愈来愈好。

激励艺术

🎧 思考

1. 你对自作自受有什么感想?
_____
_____
_____

2. 为什么说做到合理的不公平就好?
_____
_____
_____

3. 你的自我激励做得如何?
_____
_____
_____

结束语

激励,应该是日常生活中的一部分。无论工作、休息、娱乐或进修,都可以衡量情境,实施有效的激励。

尊重与关怀,是激励的不二法门。我们所期望的,乃是同人自动自发地达成合理的目标,绝不是"花一些钱叫人家卖命"。中国人爱惜生命,最好不要让他拼命,否则他会更加小心而自行节制。领导太过明显的激励行为,容易引起下属的猜测,认为领导既然有此偏爱,大家就一窝蜂群起仿效。存心应付领导而偏离目标的现象,领导应该负起主要责任。

为了激励而发起某种运动,短期内可能响应十分热烈,但也免不了制造若干假象,鱼目混珠,弄得真假难分,引起大家的非议。不久热潮一退,似乎又恢复运动前的状态,令人怀疑当时运动所获得的成果是哪里来的,又到哪里去了。

不断以运动的方式来激励,等于刺激再刺激,之后的激

激励艺术

励就要一次比一次更加剧烈才有吸引力。激励的程度愈来愈高，令人无以为继，结果害惨了受激励的人。

所以，激励应该是双方面的事，彼此必须密切配合，才能恒久有效。激励者谨慎行事，不可随意加重刺激，巧立名目，把被激励者的胃口弄得奇大，然后因不满足而痛苦不堪。被激励者应该明白，来自内心的激励才是最真实可靠而且经久耐用的，希望依赖外来的激励，势必使自己沦为他人的奴隶。

双方建立共识，一切公正地以"有本事就来拿"为原则，拿不到怪自己，不要怨天尤人。自己再接再厉，总比寄望于他人的激励来得牢靠。下回再来，接受合理的不公平，自然心安理得，走上自力奋发的坦途。